William Stanley Jevons

L'économie politique

essai

ISBN : 978-1530227457

10 9 8 7 6 5 4 3 2 1

William Stanley Jevons

L'économie politique

essai

Table de Matières

Préface

J'ai essayé, en composant ce petit traité, de donner aux vérités de l'Économie politique, une forme appropriée à l'instruction élémentaire. Lorsque j'étais attaché au Owens College, je devais, en qualité de «Cobden lecturer», exposer l'Économie politique à une classe d'instituteurs, afin de les mettre à même d'introduire plus tard cet enseignement important dans les écoles primaires. On ne peut douter qu'il soit très désirable de propager par tous moyens les principes de cette science dans toutes les classes de la population. C'est de l'ignorance de ces vérités que proviennent la plupart des calamités sociales, les grèves, les lockouts, l'opposition au progrès, l'imprévoyance, la misère, la charité mal entendue, l'insuccès décourageant de tant d'efforts.

Il y a plus de quarante ans que Miss Martineau popularisa avec succès les principes de l'Économie politique, par ses admirables récits. À peu près à la même époque, l'archevêque Whately fut vivement frappé de la nécessité d'inculquer dés l'enfance la connaissance de ces matières. Il prépara dans cette vue ses «Leçons faciles sur les monnaies» qui ont eu des éditions nombreuses. C'est dans un exemplaire de cet ouvrage, que j'ai, dans mon enfance, puisé mes premières idées sur l'Écnomie politique. Un passage de la préface de Whately mérite d'être rappelé ici : «Les rudiments d'une connaissance solide de cette science doivent, comme le montre l'expérience, être communiqués dès le jeune âge... Ceux donc qui donnent, dirigent ou encouragent l'éducation, doivent regarder comme très important d'inculquer à temps des idées justes sur des sujets qui intéresseront toute la vie et dans l'ignorance desquels aucune classe, de la plus basse à la plus élevée, ne peut être laissée sans danger. »

Ces idées ont été plus tard soutenues et mises en pratique par MM. William, le professeur W.B. Hodgson, le docteur John Watts, M. Templar et d'autres encore, et l'expérience semble confirmer tout à la fois la nécessité et la possibilité de l'enseignement préconisé par Whately.

Mais il est évident que pour que le succès couronne ces efforts, il faut posséder un petit traité élémentaire, composé exactement en vue du but poursuivi. Comptant sur mon expérience, de dix années dans l'instruction des instituteurs de Manchester, j'ai donné à mes leçons la forme la plus simple que le sujet semble comporter.

J'espère aussi que ce petit livre ouvrira la voie vers une connaissance plus approfondie de la science, à tous les lecteurs en général, d'un âge plus avancé, qui ont négligé jusqu'ici l'étude de l'Économie politique.

Les étroites limites de l'espace qui m'est laissé m'ont mis dans l'impossibilité de traiter toute la science d'une manière satisfaisante. J'ai donc dû supprimer tout à fait certaines parties et passer très rapidement sur d'autres, afin de réserver plus de place à certains sujets, tels que la production, la division du travail, le capital et le travail, les trades-unions et les crises commerciales, qui m'ont paru de nature à être les plus utiles et les plus intéressants pour mes lecteurs.

University College, Gower Street, London W.C.
31 janvier 1878.

Chapitre I : Introduction

1. Qu'est-ce que l'économie politique ?

L'économie politique traite de la richesse des nations ; elle recherche les causes qui font une nation plus riche et plus prospère qu'une autre. Son but est d'enseigner ce qu'il faut faire pour diminuer autant que possible le nombre des pauvres, et mettre chacun à même, en règle générale, d'être bien payé de son travail. D'autres sciences, sans doute, nous aident à parvenir aux mêmes fins. La mécanique nous montre comment nous pouvons nous procurer de la force, comment nous devons nous en servir dans le travail des machines. La chimie nous enseigne comment on découvre les substances utiles, comment, par exemple, on extrait des résidus infects de la fabrication du gaz, de magnifiques teintures, des parfums et des huiles. L'astronomie est nécessaire à la navigation des océans. La géologie nous guide dans la recherche de la houille et des métaux.

Différentes sciences sociales sont aussi nécessaires au progrès du bien-être de l'humanité. La jurisprudence traite du droit légal des gens et de la façon dont il peut le mieux être défini et assuré par des lois justes. La philosophie politique étudie les différentes formes de gouvernement et leurs avantages relatifs. La médecine recherche les causes de maladie. La statistique réunit tous les faits qui se rapportent à l'état ou à la communauté. Toutes ces sciences nous apprennent à devenir plus sains, plus riches, plus sages.

Mais l'économie politique se distingue entre toutes. Elle traite de la richesse en elle-même ; elle se demande ce qu'elle est, comment nous pouvons le mieux la consommer quand nous l'avons obtenue, comment nous pouvons profiter de toutes les autres sciences pour l'acquérir.

Beaucoup de gens croient prendre en faute l'économie politique parce qu'elle ne traite que *de* la richesse seule.

Il y a, disent-ils, bien des choses meilleures que la richesse, telles que la vertu, l'affection, la générosité. Ils voudraient nous voir étudier ces biens de préférence à la simple richesse. Un homme peut s'enrichir par d'habiles marchés et enfouir son argent comme un avare. Et comme Il vaut mille fois mieux dépenser son bien au profit de ses parents, de ses amis et du public en général, certaines gens partent de là pour blâmer la science des richesses.

Ces critiques méconnaissent le but d'une science comme l'économie politique. Ils ne comprennent pas que dans nos études, nous ne pouvons faire qu'une chose à la fois. Nous ne pouvons apprendre toutes les sciences sociales en même temps. Personne ne fait un reproche à l'astronomie de ne s'occuper que des étoiles ou aux mathématiques de ne s'occuper que des nombres et quantités. Ce serait un curieux traité élémentaire, qui traiterait tout ensemble d'astronomie, de géologie, de chimie, de physique, de physiologie, etc. De même qu'il y a plusieurs sciences physiques, il y a aussi plusieurs sciences sociales dont chacune doit s'occuper de son sujet propre, et non des choses en général.

William Stanley Jevons

2. Préjugés sur l'économie politique.

Bien des erreurs ont cours sur la science que nous allons considérer, chez des gens qui devraient mieux la connaître. Elles proviennent souvent de ce qu'on croit tout savoir en économie politique, sans l'avoir jamais étudiée. Aucune personne de bon sens ne s'aventure à contredire un chimiste sur la chimie, un astronome sur les éclipses ou même un géologue sur les roches et les fossiles. Mais chacun a son opinion, d'une façon ou d'une autre, sur le commerce mal entendu, sur l'effet des hauts salaires, sur le tort que fait l'offre du travail à bas prix, enfin sur cent questions d'importance sociale. Ces gens ne voient pas que ces matières sont en réalité plus difficiles à f comprendre que la chimie, l'astronomie ou la géologie et que toute une vie d'étude ne nous suffit pas pour nous permettre d'en parler avec certitude. Et, cependant ceux qui n'ont jamais étudié l'économie politique, sont d'ordinaire les plus remplis d'assurance.

Le fait est, que de même qu'on haïssait autrefois la science physique, il y a aujourd'hui une sorte de défiance ignorante, d'impatience contre l'économie politique. L'homme aime à suivre ses propres impulsions et ses préjugés ; on le vexe en lui disant qu'il fait justement ce qui le conduira à un but diamétralement opposé à celui qu'il cherche. Prenons le cas de la soi-disant charité. Bien des personnes charitables pensent qu'il est vertueux de faire l'aumône aux pauvres gens qui la demandent, sans considérer l'effet qu'elle produira sur ces gens. Ils voient le plaisir du mendiant qui reçoit cette aumône, mais ils n'en voient pas les effets ultérieurs, c'est-à-dire l'augmentation du nombre des mendiants. La pauvreté, les crimes que nous avons sous les yeux sont en grande partie le résultat de la charité mal entendue du passé, charité qui fut cause qu'une bonne part de la population est devenue insouciante, imprévoyante et paresseuse. L'économie politique prouve qu'au lieu de donner des aumônes accidentelles et irréfléchies, nous devons veiller à l'éducation du peuple, lui apprendre à travailler, à gagner sa vie, à épargner quelque chose pour aider sa vieillesse. S'il persiste dans sa paresse et son imprévoyance, il doit en supporter les conséquences. Mais comme cette manière d'agir peut sembler sévère, les économistes se voient condamnés par des gens au cœur sensible mais abusé. La science passe pour inflexible, impitoyable et on en conclut qu'elle n'a pour objet que de faire le riche plus riche et de laisser périr le pauvre.

Tout cela n'est que méprise.

L'économiste, quand il recherche comment l'homme peut le plus facilement se procurer les richesses, n'enseigne pas que le riche doit garder son bien comme un avare, ni le dépenser en luxueuses folies comme un prodigue. Il n'y a absolument rien dans la science pour dissuader le riche de dépenser sa richesse d'une façon tout à la fois généreuse et sage. Il peut aider avec prudence ses parents et ses amis. Il peut fonder d'utiles institutions publiques, telles que bibliothèques, musées, parcs, hôpitaux, etc., favoriser l'éducation du peuple ou créer des établissements d'éducation supérieure ; il peut soulager ceux qui souffrent d'infortunes contre lesquelles ils n'auraient pu se prémunir. Les infirmes, les aveugles, tous ceux à qui il est absolument impossible de s'aider par eux-mêmes, sont naturellement désignés à la charité du riche. Tout ce que veut l'économiste, c'est que la charité soit réellement la charité et ne fasse pas de tort à ceux qu'elle veut aider. Il est triste de penser que jusqu'ici beaucoup de mal a été fait par ceux qui ne voulaient que le bien.

Il n'est pas moins triste de voir des milliers de personnes essayer d'améliorer leur position par des moyens qui ont justement l'effet contraire, par les grèves, par la résistance à l'emploi des machines, par des restrictions apportées à la production de la richesse. Les travailleurs se sont fait une économie politique à eux; ils veulent devenir riches en s'efforçant de ne pas produire trop de richesses. Ils voient l'effet immédiat de ce qu'ils font, mais non le résultat final.

Il en est de même dans la question du Libre-Echange. En Angleterre, nous avons fini par avoir la sagesse de laisser le commerce libre. Dans les autres pays, et même dans les colonies australiennes, il existe encore des lois pour rendre les gens plus riches en les empêchant de profiter des produits abondants des autres pays. Beaucoup de personnes se refusent encore à voir que la richesse doit s'augmenter en la produisant où on peut la produire avec le plus de facilité et d'abondance. Chaque place de commerce, chaque ville, chaque nation doit fournir ce qu'elle peut céder à meilleur marché, et les autres produits doivent s'acheter aux endroits où on peut aussi se les procurer le plus facilement.

L'économie politique nous apprend à regarder au delà de l'effet immédiat de ce que nous faisons, et à chercher le bien de toute la communauté et même de l'humanité tout entière. La prospérité présente de l'Angleterre est due en grande partie à la science qu'Adam Smith donna au monde dans sa « Richesse des Nations ». Il nous apprit la valeur du travail libre du commerce libre, et aujourd'hui, cent ans après la publication de ce grand livre, il ne devrait pas y avoir tant de gens abusés s'efforçant vainement de s'opposer à ses leçons, Il est certain que si le peuple ne comprend pas une économie politique vraie, il s'en fabriquera une fausse à sa façon. De là, l'impérieuse nécessité, que personne, homme ou femme, ne soit élevé sans quelque idée de la science que nous allons étudier.

3. Division de la science.

Je commencerai par établir l'ordre dans lequel les diverses branches ou divisions de la science économique seront considérées dans ce petit traité. En premier lieu, nous devons apprendre en quoi consiste la richesse, sujet de cette science. Secondement, nous rechercherons comment on se sert de la richesse, comment on la consomme; nous verrons que rien ne peut être regardé comme richesse, si on ne peut l'apptiquer à quelqu'usage, et qu'avant de faire de la richesse nous devons savoir à quoi nous l'emploierons. Troisièmement, nous pourrons considérer comment la richesse se produit, comment elle est amenée à l'existence et comment, en quatrième lieu après qu'on l'a produite, elle se partage entre les différentes classes de gens qui ont eu la main à sa production.

En résumé, nous pouvons dire que l'économie politique traite 1° de la nature, 2° de la consommation, 3' de la production, 4° de la distribution de la richesse. Il sera aussi nécessaire de dire quelques mots des impôts. Une partie de la richesse de chaque pays doit être prélevée par le pouvoir dans le but de payer les frais de la défense et du gouvernement de la nation. Les impôts peuvent se ranger avec vraisemblance dans le chapitre de la distribution.

4. La richesse et les biens naturels.

Nous n'apprendrons rien en disant que l'économie politique est la science de la richesse, si nous ne savons ce que c'est que la science, ce que c'est que la richesse. Quand un terme se définit au moyen d'autres termes, nous devons comprendre ces autres termes pour jeter quelque lumière sur le sujet. Dans mon traité de logique, j'ai déjà essayé d'expliquer ce que c'est que la science, j'essaierai maintenant d'éclairer cette expression; la richesse.

Sans doute bien des gens s'imaginent qu'il n'y a nulle difficulté à savoir ce qu'est la richesse ; la vraie difficulté c'est de l'acquérir. Mais en cela, ils se trompent. Il y a dans notre pays beaucoup de personnes qui se sont enrichies par elles-mêmes et cependant peu d'entre elles, aucune peut-être ne serait capable d'expliquer clairement ce mot de richesse. Et réellement, il n'est pas du tout facile de trancher la question.

L'idée populaire est que la richesse consiste en monnaie, en espèces, et que celles-ci sont faites d'or et d'argent ; l'homme riche alors serait celui qui possède un coffre fort, plein de sacs de monnaie d'or et d'argent. Mais c'est loin d'être le cas ; les riches, en général, out très peu d'argent en leur possession. Au lieu de sacs de monnaie, ils tiennent une bonne balance chez leur banquier. Mais encore une fois cela ne nous dit pas ce que c'est que la richesse parce qu'il est difficile d'expliquer en quoi consiste une balance de banque. La balance s'exprime par quelques chiffres dans les livres du banquier.

Peut-être dira-t-on que celui-là est riche à l'évidence, qui possède une grande quantité de terres. Cela dépend entièrement de la situation de ces terres et de leur nature. L'homme qui posséderait un comté en Angleterre serait très riche ; il pourrait posséder une égale étendue de terre en Australie sans être remarquablement riche. Les sauvages d'Australie, qui possédaient le sol avant que les Anglais ne s'en emparassent, possédaient un territoire immense, mais ils n'en étaient pas moins plongés dans la pauvreté la plus misérable. Il est donc évident que la terre seule n'est pas la richesse.

On peut prétendre que pour être une richesse la terre doit être fertile, le sol bon, les rivières et les lacs abondants en poisson, les forêts remplies de bois d'oeuvre. Sous le sol il doit y avoir de grandes quantités de houille, de fer, de cuivre, de minerais d'or, etc. Si, outre cela, un pays possède un bon climat, beaucoup de soleil, assez, mais pas trop d'eau, il peut certainement passer pour riche. Il est vrai que ces choses ont été appelées biens naturels, mais je les mentionne dans le but d'indiquer qu'elles ne sont pas, par eIles-mêmes, la richesse. Les peuples peuvent vivre sur un sol abondant en biens naturels, - comme les Indiens de l'Amérique du Nord vivaient dans les régions qui forment aujourd'hui les États-Unis - et être cependant très pauvres, parce qu'ils ne peuvent ou ne veulent pas travailler pour transformer les biens naturels en richesse. D'autre part, des peuples, comme les Hollandais, vivent sur de pauvres langues de terre, et deviennent cependant riches par l'habileté, l'industrie et la prévoyance. En somme, la richesse est due plutôt au travail et à l'adresse qu'à un sol fécond ou un climat clément, mais ces derniers dons sont nécessaires pour qu'un peuple devienne aussi riche que les habitants de l'Angleterre, de la France, des Etats-Unis ou de l'Australie.

5. Qu'est-ce que la richesse.

Nassau Senior, un des meilleurs écrivains économistes, définit la richesse en ces mots : Sous ce terme nous comprenons toutes les choses et seulement les choses qui sont transmissibles, limitées en quantité, et qui, directement ou indirectement, produisent du plaisir ou empêchent de la peine. Il est nécessaire, avant tout, de saisir exactement la pensée de Senior. Suivant lui tout ce que comprend le mot « richesse » doit avoir trois qualités distinctes et tout ce qui possède ces trois qualités doit être une part de la richesse. Si ces qualités sont justement choisies, nous possédons une définition correcte, c'est-à-dire, comme nous l'avons expliqué dans notre « Traité de logique » (section 44), un exposé précis des qualités suffisantes pour créer une classe et nous indiquer les choses qui appartiennent et celles qui n'appartiennent pas à cette classe.

Au lieu cependant de la longue phrase « qui directement ou indirectement produisent du plaisir ou empêchent de la peine » nous pouvons employer le simple mot utile et établir notre définition tout simplement ainsi : on appelle richesse ce qui est 1° transmissible, 2' en quantité limitée, 3° utile. Nous avons encore à connaître exactement ce qu'on entend par ces trois qualités de la richesse, à apprendre ce que c'est que d'être transmissible, limité en quantité, utile.

6. La richesse est transmissible.

Par transmissible, nous entendons une chose qui peut se passer (du latin *trans* à travers, *mitto*, j'envoie) d'une personne à une autre. Parfois les choses peuvent littéralement se passer de main en main, comme une montre ou un livre ; parfois elles peuvent se transférer par un acte écrit ou par possession légale, comme dans le cas des terres ou des maisons.

Les services aussi peuvent se transmettre, comme lorsqu'un domestique se loue à un maître. Un musicien, un prédicateur transmettent également leurs services quand leurs auditeurs ont le bénéfice de les entendre. Mais il existe beaucoup de choses utiles qui ne peuvent se transmettre d'une personne à une autre. Un homme riche peut louer un valet, mais il ne peut acheter la bonne santé de ce valet ; il peut louer les secours du meilleur médecin, mais si ses services ne parviennent pas à lui rendre la santé, il n'y a plus d'espoir. De même aussi, il est en réalité impossible d'acheter ou de vendre l'amour des parents, l'estime des amis, le bonheur d'une bonne conscience. La richesse peut faire bien des choses, mais elle ne peut s'assurer ces biens plus précieux que les perles et les rubis. L'économie politique ne prétend pas examiner toutes les causes du bonheur et ces richesses morales, qui ne peuvent ni s'acheter ni se vendre, ne font pas partie de la richesse dans le sens que nous allons donner à ce mot. Le pauvre qui possède une bonne conscience, des amis dévoués, une bonne santé, peut, en réalité se trouver plus heureux que le riche privé de ces bénédictions. Mais d'un autre côté, un homme n'a nul besoin de perdre la paix de la conscience et les autres sources du bonheur en acquérant la richesse et en jouissant de toutes les occupations intéressantes, de tous les plaisirs qu'elle peut donner. La richesse est donc loin d'être la seule chose qui soit bonne, mais néanmoins elle est bonne, parce qu'elle nous épargne les travaux trop durs et la crainte du besoin, et qu'elle nous met à même d'acquérir les choses agréables et les services qui sont transmissibles.

7. La richesse est limitée en quantité.

En second lieu, les choses ne peuvent être appelées richesses si elles ne sont limitées en quantité. Si nous avons d'un objet autant que nous en désirons, nous n'estimerons aucunement une nouvelle quantité de cet objet. Ainsi, l'air qui nous environne n'est pas une richesse dans les circonstances ordinaires, parce que nous n'avons qu'à ouvrir la bouche pour en absorber autant que nous pouvons en user. Cet air que nous respirons en ce moment est excessivement utile parce qu'il entretient notre vie. Mais nous ne payons d'habitude rien pour son emploi, parce qu'il en existe assez pour tout le monde. Dans une cloche à plongeur, dans une mine profonde cependant, la quantité d'air devient limitée, et cet air peut alors être considéré comme une partie de la richesse. Le tunnel sous la Manche une fois achevé, ce deviendra une grosse affaire de s'y procurer l'air nécessaire à la respiration. Et même dans le tunnel du Metropolitan Railway un peu plus d'air frais aurait une grande valeur.

D'un autre côté, les diamants, tout en ayant une grande valeur servent à bien peu d'usages : ils font de splendides joyaux, ils coupent le verre ou percent les roches. Le haut prix qu'on y attache provient surtout de leur rareté. Naturellement, la rareté seule ne crée pas la valeur. Il existe beaucoup de métaux ou de minéraux rares, dont on n'a jamais possédé que quelques fragments mais leur valeur reste faible jusqu'au jour où quelqu'usage spécial se découvre pour eux. L'iridium se vend à très haut prix, parce qu'il sert à faire les becs des plumes d'or et qu'on ne peut l'obtenir qu'en petites quantités.

8. La richesse est utile.

En troisième lieu, nous pouvons facilement discerner que tout ce qui forme une partie de la richesse doit être utile, ou avoir de l'utilité, c'est-à-dire servir à quelqu'usage, être agréable ou désirable d'une façon ou d'une autre. Senior dit justement que les choses utiles sont celles qui, directement ou indirectement, produisent du plaisir ou empêchent de la peine. Un instrument de musique bien d'accordé et bien joué produit du plaisir ; une dose de médicament évite de la peine à celui qui en a besoin, mais il est souvent impossible de décider si une chose nous apporte un supplément de plaisir ou une diminution de peine. Un dîner nous évite la peine de la faim et nous donne le plaisir de manger de bonnes choses. Il y a utilité chaque fois que le plaisir est accrû ou la peine diminuée et, en ce qui concerne l'économie politique, la nature du plaisir importe peu.

Nous n'avons pas besoin de préciser si les choses produisent du plaisir directement, comme les habits que nous portons, ou indirectement, comme les machines employées à fabriquer ces habits. Les objets sont indirectement utiles, quand, comme dans le cas des outils, des machines, des matières premières, etc., ils ne servent qu'à fabriquer d'autres objets qui seront plus tard consommés et utilisés par quelques personnes. La voiture dans laquelle nous jouissons d'une agréable promenade est directement utile ; la charrette du boulanger qui nous apporte notre pain l'est indirectement. Mais parfois nous pouvons à peine faire la distinction. Dirons nous que la nourriture introduite dans la bouche est directement utile et que la fourchette qui l'y porte l'est indirectement !

9. Commodité.

Nous savons maintenant exactement ce que c'est que la richesse, mais au lieu d'employer continuellement ce mot, nous aurons souvent à parler de commodités, de biens.

Une commodité, c'est toute partie de la richesse, toute chose par conséquent à la fois utile, transmissible, limitée en quantité. La laine, le coton, le fer, le thé, les livres, les souliers, les pianos, etc., sont toutes commodités en certaines circonstances, mais non en toutes circonstances. La laine que porte un mouton sauvage perdu dans les montagnes n'est pas une commodité, non plus que le fer dans une mine qu'on ne peut exploiter. Une commodité en un mot, est toute chose réellement utile et désirable et telle qu'on puisse l'acheter ou la vendre.

Au lieu de ce long mot « commodité », j'emploierai souvent le mot plus court « biens » et le lecteur voudra bien se rappeler que les expressions biens, commodités, parties de richesse, sont équivalentes.

Chapitre II : Utilité

10. Nos besoins sont variés.

Après un instant de réflexion, nous verrons qu'en général nous ne désirons qu'une faible portion de chaque espèce de commodité et que nous préférons posséder une partie d'une sorte, une partie de l'autre. Personne n'aime à composer uniquement son dîner de pommes de terre, de pain, ou de bœuf ; on préfère manger du bœuf, du pain, des pommes de terre et peut être y joindre un peu de bière, du pudding, etc. De même, un homme ne se soucierait pas d'avoir beaucoup d'habits semblables ; il peut sans doute désirer de posséder plusieurs costumes, mais les uns plus chauds, les autres plus légers, les uns pour la soirée, les autres pour les voyages, et ainsi de suite.

Une bibliothèque formée de tous exemplaires du même ouvrage serait absurde ; en général, garder deux exemplaires du même livre est inutile. Un collectionneur de gravures ne tient pas à posséder beaucoup de copies identiques de la même planche. Dans tous ces cas et beaucoup d'autres, nous voyons que les besoins de l'homme tendent à la variété ; chaque besoin isolé est bientôt satisfait et remplacé par quelqu'autre. Senior appelle cette loi la loi de variété ; c'est la plus importante de toute l'économie politique.

Il est facile de voir ainsi, qu'il existe un ordre naturel d'importance dans la succession de nos besoins. La nourriture nous est nécessaire, et si nous n'en trouvons pas d'autre, nous sommes fort heureux de manger du pain ; il nous faut alors de la viande, des légumes, des fruits, d'autres mets délicats. Les vêtements en somme, ne sont pas aussi nécessaires que la nourriture, mais quand un homme a suffisamment de quoi manger, il commence à songer à se bien vêtir. Puis vient le désir d'une maison pour y vivre ; une simple cabine vaut mieux que rien, mais plus riche est l'homme, plus grande la demeure qu'il désire. Quand il a une fois acquis cette maison, il veut la garnir de meubles, de livres, de tableaux, d'instruments de musique, d'objets de luxe, et ainsi de suite.

Nous pouvons ainsi établir, sans grande précision il est vrai, une loi de succession des besoin à peu près dans cet ordre : air, nourriture, vêtement, logement, littérature, objets d'ornement et de plaisir.

Il est très important d'observer qu'il n'est ni fin ni limite aux différentes choses qu'un homme peut désirer d'acquérir. Celui qui déjà possède une maison convenable, en désire bientôt une autre : il veut avoir maison de ville, maison de campagne. Certains ducs, certaines personnes très riches ont quatre, cinq demeures et même plus. Nous déduisons de ces observations qu'il ne peut jamais y avoir, chez les nations civilisées, assez de richesses pour que le peuple cesse d'en désirer davantage. Quelque nombreuses que soient les choses que nous nous procurions, il en est encore beaucoup d'autres que nous souhaitons acquérir.

Quand l'homme est bien nourri, il commence à désirer de bons vêtements; quand il est bien vêtu, il aspire à posséder des maisons confortables, des meubles, des objets d'art. S'il arrivait qu'un jour la richesse fût en excès, ce serait dans une seule branche, jamais dans toutes à la fois. Les fermiers pourraient se ruiner s'ils récoltaient tant de grains qu'il deviendrait impossible de les consommer ; alors au lieu de cet excès de grains, ils devraient forcer la production de viande et de laitage. Il n'est donc pas à craindre que les machines ou d'autres perfectionnements accumulent jamais tant de produits que les ouvriers se trouvent sans emploi, du moins pour longtemps. Il pourrait arriver seulement que les ouvriers, privés de besogne dans un métier, eussent à en apprendre un autre.

William Stanley Jevons

11. Quand les choses sont-elles utiles ?

La question principale est donc d'examiner quand les choses sont utiles et quand elles ne le sont pas. Cela dépend entièrement de ce fait que nous en avons besoin ou non. La plupart des choses qui nous entourent, l'air, l'eau, la pluie, les pierres, le sol, etc., ne sont pas de la richesse parce que nous n'en manquons pas, ou du moins qu'il nous en faut si peu que nous pouvons promptement obtenir ce qui nous est nécessaire. Recherchons avec soin si nous pouvons dire que l'eau est utile, ou dans quel sens nous le pouvons dire. Il arrive souvent d'entendre des gens avancer que l'eau est la substance la plus utile du monde, et il en est ainsi à son lieu et en son temps. Mais si l'eau, trop abondante, envahit vos caves, elle n'est plus utile ; si elle filtre à travers vos murs et vous donne des rhumatismes, elle est nuisible et non utile. Si un homme, ayant besoin de bonne eau pure, creuse un puits et trouve cette eau, elle est utile. Mais qu'en creusant un puits de mine, l'eau s'y précipite et empêche les mineurs d'atteindre la couche de houille, il est clair qu'alors l'eau est tout l'opposé de l'utile. Dans certaines contrées, la pluie tombe fort irrégulièrement, à des époques fort incertaines. En Australie, les sécheresses durent une ou deux années, parfois trois, et dans l'intérieur du continent les rivières sont quelquefois entièrement à sec. Les mares les plus infectes deviennent alors précieuses pour garder les troupeaux de moutons en vie. Dans la Nouvelle-Galle du Sud, l'eau s'est quelquefois vendue trois shillings le seau. Quand les sécheresses prennent fin, on voit des flots subits descendre les rivières, détruisant les digues et les ponts, renversant les maisons, noyant souvent les hommes et les animaux. Il est parfaitement clair que nous ne pouvons pas dire que l'eau est toujours utile ; elle est souvent si nuisible qu'elle ruine et noie les gens. Tout ce que nous pouvons réellement dire, c'est que l'eau est utile dans les endroits et au moment où nous en avons besoin, et en telle quantité que nous en avons besoin. Toute l'eau n'est pas utile, mais seulement la quantité que nous pouvons employer à un moment donné.

Il est maintenant facile de voir pourquoi les choses, pour être une richesse, doivent être en quantité limitée ; nous n'avons jamais besoin d'aucune chose illimitée. Un homme ne peut boire plus de deux ou trois quarts d'eau par jour, ni manger plus de quelques livres de nourriture Nous pouvons ainsi comprendre pourquoi, dans l'Amérique du Sud où l'on rencontre de grands troupeaux de bétail, le meilleur bœuf n'est pas une richesse : c'est parce qu'il y en a tant qu'il n'y a pas assez de monde pour le manger. Le bœuf qu'on y mange est tout aussi utile pour nourrir les gens que celui qu'on mange en Angleterre, mais il n'a pas autant de valeur parce qu'il y a une grande quantité de bœufs en excès, c'est-à-dire dont les gens n'ont pas besoin.

12. Quel doit être notre but ?

Nous pouvons maintenant voir d'une façon précise ce que nous avons à apprendre dans l'économie politique. C'est de satisfaire nos besoins divers aussi complètement que possible. Nous devons pour cela rechercher tout d'abord quelles choses nous sont nécessaires. Il est tout à fait inutile de se procurer des choses qui, une fois en notre possession, ne serviront à rien, et la quantité de ce que nous cherchons doit être proportionnée à nos besoins. Le fabricant de meubles ne doit pas faire un grand nombre de tables et seulement quelques chaises, mais bien quelques tables et un plus grand nombre de chaises. De même, chaque espèce de commodité doit être fournie quand on en a le plus besoin et aucune ne doit l'être trop abondamment, c'est-à-dire fabriquée en si grande quantité, qu'il eût mieux valu employer son travail a fabriquer autre chose.

Secondement, nous devons toujours nous efforcer de produire avec le moins de travail possible car le travail est un exercice pénible et nous désirons subir le moins de peine et de dérangement que nous pouvons. L'économie politique est donc, comme l'a fort bien établi le professeur Hearn, de l'Université de Melbourne, la science des efforts pour satisfaire les besoins ; elle nous enseigne, à trouver la voie la plus courte vers ce que nous désirons. Le but auquel nous tendons est d'obtenir le plus de richesse possible, avec le moins de travail possible.

13. Quand devons-nous consommer la richesse ?

Consommer une commodité est détruire son utIlité. Exemples : la houille brûlée, le pain mangé, une cruche brisée, un piano usé. Les choses perdent leur utilité de différentes manières. Elles peuvent se gâter, comme la viande et le poisson, changer de mode, comme les toilettes des dames, ou simplement vieillir, comme un almanach, un agenda. Les maisons se détériorent, les greniers à grains peuvent brûler, les vaisseaux couler bas. Dans tous ces cas, l'utilité est détruite lentement ou rapidement, et les commodités sont, comme on dit, consommées. Il est clair que nous devons nous servir des choses quand elles sont propres à l'usage, si nous voulons en profiter.

Il est évident aussi que nous devons nous efforcer de tirer le plus grand parti possible de tout ce que nous sommes assez heureux de posséder. Si un objet ne s'abîme ou ne se détruit pas par l'usage, comme un livre, un tableau, plus nous en usons, plus son utilité est grande. Ce genre de choses devient plus utile si on les passe d'une personne à une autre, comme les livres dans un cabinet de lecture. Il se produit dans ce cas ce que nous pouvons appeler la multiplication de l'utilité. Les bibliothèques publiques, les musées, les galeries de peinture et les institutions du même genre multiplient toutes l'utilité, et les frais qu'elles occasionnent ne sont rien ou peu de chose en présence de leur utilité.

Pour les commodités une fois détruites par l'usage, comme la nourriture, il est évident qu'une seule personne peut se servir de chaque portion. Nous devons alors chercher à la consommer quand elle est la plus utile. Si un homme perdu dans le désert se trouve à la tête d'une faible provision de nourriture il ferait une folie de la manger en une fois, quand il est à la veille de souffrir de la faim pendant plusieurs jours. Il doit ménager ses provisions de façon à manger chaque morceau au moment où il soutiendra le mieux ses forces. Nous devons en agir de même avec les profits de toute notre vie. Le travailleur ne doit pas dépenser tout son gain quand les affaires sont actives, parce qu'il en aura besoin quand elles se ralentiront et qu'il se trouvera sans emploi. De même, ce qui est dépensé dans la jeunesse en luxe et en frivolités, pourrait être beaucoup plus utile dans la vieillesse, quand peut-être le nécessaire et le simple confort s'obtiendraient difficilement. Toute richesse est produite pour être consommée, mais elle doit l'être quand elle répond le mieux à son objet, c'est-à-dire quand elle est la plus utile.

14. Préjugés sur la consommation.

Il n'est pas rare d'entendre des gens prétendre qu'ils doivent dépenser leur argent largement pour encourager le commerce. Si chacun, pensent-ils, thésaurisait au lieu de dépenser, le commerce languirait et le travail manquerait. Les commerçants favorisent ces idées, car il est clair que plus une modiste ou un tailleur peut persuader à ses clients de lui faire de commandes, plus seront grands ses profits personnels. Les clients sont d'ailleurs fort inclinés à croire l'argument bon à cause du plaisir qu'ils éprouvent à acheter des habits et d'autres choses agréables. L'argument en question n'en est pas moins une erreur fâcheuse. En fait, nul riche ne peut s'abstenir d'alimenter le travail, d'une façon ou de l'autre. S'il épargne son argent, il le place probablement dans une banque, mais il n'y reste pas inactif. Le banquier le prête aux marchands, aux manufacturiers, aux constructeurs qui s'en servent pour accroître leurs affaires et le nombre de leurs ouvriers. S'il achète des actions de chemins de fer ou des fonds publics, ceux qui reçoivent l'argent l'emploient à quelqu'autre usage profitable. Si maintenant le riche entasse sa fortune sous forme d'or et d'argent, il n'en tire pas avantage, mais il augmente d'autant la demande de l'or et de l'argent. Si beaucoup de riches se mettaient à cacher l'or, le résultat en serait de rendre le travail des mines d'or plus profitable et d'y attirer d'autant plus de mineurs, enlevés au travail des chemins de fer ou aux autres métiers.

Nous voyons par la que chaque fois qu'un riche détermine l'emploi de son argent, il décide par là même, non pas la somme de travail qui en résultera mais bien le genre de travail à effectuer. S'il prend fantaisie de donner un grand bal, il y aura en fin de compte d'autant plus de modistes, de costumiers, de dentelliers, de confectionneurs, etc. Sans doute un seul bal n'aura pas grand effet, mais si beaucoup de gens suivaient l'exemple, on verrait, bientôt, plus d'ouvriers attachés à ces différents métiers. Si d'un autre côté, les riches placent leur argent dans un nouveau chemin de fer, il y aura d'autant plus d'inspecteurs, d'ingénieurs, de contremaîtres, de terrassiers, de puddleurs, de lamineurs, d'ajusteurs, de constructeurs de wagons, etc.

La question se réduit en réalité à ceci : Le peuple retire-t-il plus de bien-être des bals que des chemins de fer ? Un bal crée du plaisir à un moment donné, mais il coûte fort cher, surtout aux hôtes, qui achètent des costumes coûteux. Une fois le bal passé, il n'en reste aucun résultat durable et personne ne s'en trouve beaucoup mieux. Le chemin de fer, au contraire, n'est pas une cause immédiate de plaisir, mais il diminue le prix des marchandises, en permettant de les transporter plus facilement ; il permet de fuir le tumulte des villes pour vivre à la campagne et procure au public des excursions agréables et salutaires. Ainsi, c'est pure folie d'approuver la consommation pour elle-même, ou parce qu'elle fait aller le commerce. En dépensant nos richesses nous ne devrions jamais penser qu'aux avantages qu'en retire le peuple.

15.

Quelques personnes tombent dans l'erreur contraire, et regardent toute dépense comme un mal. Le meilleur usage à faire de la richesse serait de la garder et de l'augmenter par l'intérêt, ou même de négliger l'intérêt et d'accumuler l'or pour lui-même. C'est là le raisonnement des avares et il y a toujours un certain nombre de gens qui se privent ainsi des plaisirs ordinaires de la vie, pour la satisfaction de se sentir riches. Ils ne font d'ailleurs aucun tort positif à leurs concitoyens ; au contraire, ils accroissent la richesse du pays, et tôt ou tard quelqu'un en profitera. En outre, s'ils déposent leur argent dans les banques ou d'autres bons placements, ils rendent de grands services en augmentant le capital de la nation et en facilitant ainsi la construction de manufactures, de docks, de chemins de fer ou d'autres ouvrages importants. La plupart des gens aiment tant à dépenser leur argent en plaisirs éphémères, en divertissements, en bonne chère, en toilettes, qu'il est fort heureux d'en voir d'autres qui donnent à leur richesse une forme plus permanente.

Néanmoins, il n'est d'aucun usage, de s'abstenir de toute

jouissance dans le but d'entasser de l'argent. Les choses ne sont une richesse que si elles nous sont utiles et agréables. Si tout le monde plaçait son argent dans les chemins de fer, nous aurions tant de chemins de fer qu'on ne pourrait plus les employer tous et qu'ils deviendraient plutôt un embarras qu'un bénéfice. De même, il ne servirait à rien de bâtir des docks s'il n'y avait pas de bateaux à y charger, ou des vaisseaux s'ils n'avaient des marchandises ou des voyageurs à transporter. Il serait également absurde de construire des filatures s'il en existait déjà suffisamment pour manufacturer autant d'articles de coton que le public peut en user.

Nous arrivons ainsi à cette conclusion que la richesse est faite pour l'usage et la consommation, d'une façon ou de l'autre. Nous devons avoir pour ligne de conduite de dépenser nos ressources de façon à en tirer la plus grande somme de bonheur réel pour nous mêmes, nos parents, nos amis et toutes les personnes dont nous avons à nous préoccuper.

Chapitre III : Production de la richesse

16. Les instruments de la production.

La première chose dans l'industrie, comme nous venons de le voir est de déterminer les objets dont nous avons besoin, la seconde de se les procurer ou de les faire, de les produire comme on dit, et nous devons évidemment les produire avec le moins de travail possible. Pour savoir comment nous y prendre, nous devons rechercher ce qui est nécessaire pour la production de la richesse. Il y a comme on l'énonce, communément et correctement, trois instruments de production. Avant de pouvoir, dans l'état présent de la société créer de la richesse, nous devons posséder les trois choses suivantes : 1° La terre, 2° le Travail, 3°, le capital.

Dans la production, nous réunissons ces trois choses ; nous appliquons le travail à la terre, et nous employons le capital à assister le travailleur à l'aide des outils et à le nourrir tandis qu'il est à l'œuvre. Nous allons considérer successivement chacun de ces trois instruments.

17. La terre, source de matériaux.

Le mot de production est très bien choisi (du latin *pro*, en avant, *ducere*, conduire) ; il exprime clairement que chaque fois que nous voulons créer de la richesse, nous devons aller à quelque pièce de terre, à quelque lac, rivière ou mer, et en tirer la substance qui doit être convertie en richesse. Il importe peu que les matériaux viennent de la surface de la terre, des mines ou des carrières creusées dans son sein, de la mer ou des océans. Notre nourriture croît surtout à la surface de la terre, comme le grain, les pommes de terre, le bétail, le gibier, etc. ; nos habits sont surtout faits de coton, de lin, de laine, de peaux, recueillis de la même manière. Les minéraux et les métaux s'obtiennent en creusant des puits et des galeries dans la croûte terrestre. Les rivières, les lacs, les mers et les océans sont des sources importantes de richesse ; ils nous fournissent des aliments, de l'huile, des os de baleine, des peaux de phoque, etc. Nous ne pouvons manufacturer aucun produit sans avoir quelque matière à mettre en œuvre ; pour faire une épingle il nous faut du cuivre, du zinc, de l'étain extraits des mines ; un ruban exige de la soie et des teintures. Chaque chose que nous touchons, usons, mangeons ou buvons, est faite d'une ou plusieurs substances, et notre premier soin doit toujours être de trouver une provision de l'espèce de matériaux nécessaire.

Presque toujours aussi, nous avons besoin de quelque chose de plus que la matière : nous avons besoin d'une force qui nous aide à transporter et à mettre en oeuvre cette matière brute. L'homme désire naturellement s'éviter la peine de fatiguer ses bras et ses jambes ; il construit donc des moulins à vent pour moudre le grain, des vaisseaux pour transporter les marchandises, des machines à vapeur pour pomper l'eau et faire toute espèce de durs travaux. La terre, ou comme nous disons, la Nature, nous procure tout à la fois les matériaux de la richesse et la force qui nous aide à transformer ces matériaux en richesse. Tout ce qui nous fournit ainsi le premier instrument de production s'appelle agent naturel, c'est-à-dire qui agit pour nous et nous assiste (du latin *agens*, agissant). Parmi les agents naturels, la terre est de tous le plus important, parce que, quand elle reçoit en abondance la lumière du soleil et l'humidité, elle peut se cultiver et produire toute espèce de récoltes. Aussi les économistes parlent-ils souvent de la terre, quand leurs remarques s'appliqueraient aussi bien aux rochers et aux rivières. Les trois quarts de la surface du globe sont recouverts par les mers, mais cette vaste étendue d'eau salée ne fournit que peu de richesses, à part les baleines, les phoques, le varech, et quelques autres espèces d'animaux et de plantes. Quand nous parlons de la terre, nous voulons donc désigner en réalité toute source de matériaux, tout agent naturel, et nous pouvons égaler ces trois termes : terre, source de matériaux, agent naturel.

18. Travail.

Il est évident, cependant, que les agents naturels seuls ne font pas la richesse. Un homme périrait dans le lieu le plus fertile s'il ne prenait quelque peine pour approprier les choses qui l'entourent. Le fruit sauvage qui pend aux arbres doit être cueilli pour devenir une richesse et le gibier sauvage doit être pris avant de pouvoir être cuit et mangé. Nous devons dépenser une somme considérable de travail pour avoir des vêtements confortables, des maisons, des approvisionnements réguliers de nourriture ; les matériaux convenables doivent être graduellement réunis, façonnés et manufacturés. Ainsi, la somme de richesse que peut acquérir un peuple dépend beaucoup plus de son activité et de son habileté au travail, que de l'abondance des matériaux qui l'entourent.

Comme nous l'avons déjà remarqué, l'Amérique du Nord est une contrée très riche, possédant une terre végétale abondante, des gisements de houille, des filons métalliques, des rivières pleines de poissons, des forêts de bois précieux, en un mot tous les matériaux qu'on puisse désirer. Cependant les Indiens américains ont vécu dans la pauvreté des milliers d'années sur cette terre, parce qu'ils n'avaient ni les connaissances ni la persévérance nécessaires pour travailler convenablement ces agents naturels et en retirer de la richesse. Ce fait nous montre clairement que le travail habile, intelligent et régulier est nécessaire à la production de la richesse.

19. Capital.

Pour pouvoir produire beaucoup de richesses, il nous faut encore quelque chose de plus, le capital, qui aide les travailleurs pendant qu'ils sont à l'œuvre. L'homme doit manger une fois par jour, pour ne pas dire deux ou trois fois ; s'il n'a sous la main aucune provision de nourriture, il doit s'efforcer de l'obtenir de la meilleure façon qu'il peut, sous peine de mourir de faim. Il doit arracher des racines, ramasser des graines, ou s'emparer, s'il le peut, d'animaux sauvages. Quand il agit de la sorte, il dépense d'ordinaire une grande somme de travail pour un résultat fort minime. Les naturels australiens sont parfois forcés d'abattre un gros arbre avec des haches de pierre, - travail des plus pénibles - pour s'emparer d'un opossum ou deux. Les hommes qui vivent ainsi, entre la main et la bouche pourrons-nous dire, n'ont ni le temps ni la force nécessaires pour se procurer la nourriture et le vêtement de la manière la plus aisée. Il faut beaucoup de travail pour labourer le sol, le herser, le semer, l'entourer de défenses ; quand tout cela est fait, il faut attendre la récolte six mois. Sans doute, la quantité de nourriture ainsi obtenue est considérable, comparée au travail dépensé, mais les Indiens sauvages et les autres tribus ignorantes ne peuvent attendre que le grain ait fini de pousser. Les pauvres naturels australiens doivent ramasser des graines et prendre chaque jour des vers et des opossums.

Une bonne maxime japonaise s'exprime ainsi : « Creusez un puits avant d'avoir soif », et il est évidemment souhaitable de suivre ce conseil. Mais, vous devez posséder un capital pour vous aider à vivre pendant que vous creusez votre puits. De même, chaque fois que nous voulons obtenir de la richesse sans un travail excessif, nous devons nécessairement posséder une réserve di nourriture pour nous aider à subsister pendant que nous travaillons et que nous attendons : cette réserve s'appelle capital. Sans capital les gens sont sans cesse accablés de difficultés et en danger de mourir de faim. Dans le premier de ses récits sur l'Économie politique, intitulé « La vie du désert », Miss Martineau a supérieurement décrit la position des colons du cap de Bonne Espérance, qu'elle suppose avoir été attaqués par les Bushmen et dépouillés de leur resserve de capital.

Elle nous montre combien il est alors difficile de se procurer aucune nourriture ou de faire aucun travail utile, parce qu'il faut auparavant quelqu'autre chose, - un outil, une matière quelconque, et en tout cas le temps de le faire. Mais on n'a justement le temps de rien faire, parce que toute l'attention doit se porter à se procurer un abri pour la nuit et quelque chose pour le souper.

Quiconque désire comprendre la nécessité du capital, et la façon dont il nous sert, doit lire ce récit de Miss Martineau et passer ensuite à ses autres oeuvres sur l'économie politique.

Nous pouvons difficilement dire que le capital est aussi nécessaire à la production que la terre et le travail, pour cette raison que le captal dort avoir été le produit de la terre et du travail. On doit toujours cependant, avant de produire davantage, avoir un petit capital en sa possession, ne serait-ce que le dernier repas ingéré.

Il est d'ailleurs inutile d'essayer de se faire une idée exacte de la façon dont le premier capital fut réuni ; il faudrait pour cela remonter à l'enfance du monde, alors que les hommes et les femmes vivaient plutôt comme des animaux sauvages que comme nous le faisons aujourd'hui. Il est certain que nous ne pouvons arriver à nous procurer du pain, des couteaux et des fourchettes, à nous tenir chauds dans nos vêtements et nos maisons de briques, si nous n'avons quelque capital pour nous aider à vivre en faisant toutes ces choses. Le capital est donc absolument nécessaire, sinon pour travailler, du moins pour travailler économiquement et avec succès. Nous pouvons le regarder comme un instrument secondaire et ranger comme suit les instruments de production :

Instruments nécessaires	agent naturel
	travail
Instrument secondaire	capital

20. Comment rendre le travail plus productif.

Le principal objet doit être de rendre le travail aussi productif que possible, c'est-à-dire d'obtenir autant de richesse que nous pouvons, d'une somme raisonnable de travail. Dans ce but, nous devons avoir soin de travailler de la façon la plus favorable, c'est-à-dire, comme il est facile de le voir,

1° au bon moment ;

2° au bon endroit ;

3° de la bonne manière.

21. Travailler au bon moment.

Nous devons naturellement faire les choses quand il est le plus facile de les faire, et quand nous prévoyons pouvoir retirer le plus de produit de notre travail. Le pêcheur à la ligne gagne la rivière de grand matin ou le soir, quand le poisson mord ; le fermier récolte son foin quand le soleil brille ; le meunier moud son grain quand la brise est fraîche ou le ruisseau plein, le patron met à la voile quand le vent et la marée sont propices. Une longue expérience a appris au fermier le meilleur moment de l'année pour taire chaque espèce de travail : il sème en automne ou au printemps ; il transporte l'engrais en hiver, quand le sol est gelé ; il soigne ses haies et ses fossés quand il n'a rien d'autre à faire ; il rentre enfin la moisson quand elle est mûre et que le temps est beau.

Les paysans norvégiens travaillent activement, en juillet et août, à couper l'herbe et à faire autant de foin que possible. Ils ne pensent jamais au bois à ce moment de l'année, parce qu'ils savent qu'ils auront assez de temps pendant leur long hiver pour en couper ; quand la neige aura rempli tous les creux de la montagne, ils pourront facilement amener les arbres jusqu'au fleuve que viendra grossir la fonte des neiges et qui emportera les troncs, sans travail nouveau, jusqu'aux villes et aux ports. C'est une bonne règle de ne pas faire aujourd'hui ce que nous pourrons probablement faire demain plus facilement, mais c'est une règle meilleure encore de ne pas remettre au lendemain ce que nous pouvons faire plus facilement aujourd'hui. Afin cependant de pouvoir attendre et faire chaque espèce de travail au meilleur moment, nous devons posséder assez de capital pour vivre dans l'intervalle.

22. Travailler au bon endroit.

Nous devons en outre accomplir chaque espèce de travail à la place qui lui convient le mieux parmi celles dont nous pouvons disposer. Dans beaucoup de cas la chose est si évidente que la remarque peut paraître absurde. Personne s'avisera-t-il jamais de planter des arbres fruitiers dans le sable des plages, ou de semer du grain sur les rochers ! Non sans doute, parce que ce serait en pure perte. Personne ne serait assez fou pour dépenser son travail dans un endroit où il serait entièrement perdu.

Dans d'autres cas, c'est une question de degré : il ne peut y avoir quelque produit ici, mais il peut y en avoir davantage ailleurs. Dans le sud de l'Angleterre, la vigne peut se cultiver en plein air ; on fit jadis du vin avec les raisins anglais. Seulement, la vigne croît beaucoup mieux sur les collines ensoleillées de la France, de l'Espagne et de l'Allemagne et le vin qu'on y récolte, avec le même travail, est bien plus abondant et d'une qualité immensément supérieure. Ceux donc qui veulent faire du vin, feront mieux de gagner le continent, ou mieux encore de laisser les Français, les Espagnols et les Allemands produire du vin pour nous. Nous possédons en Angleterre un sol fertile, un climat humide, favorable aux herbages et le mieux que puissent faire nos fermiers est d'élever du bétail et de produire du lait, du beurre et du fromage.

Pour que le monde devienne aussi riche que possible, chaque contrée doit s'attacher aux choses qu'elle peut produire le plus facilement dans les circonstances où elle se trouve, et se procurer le reste par l'échange avec le commerce étranger. Les États-Unis peuvent fournir en quantités illimitées le coton, les céréales, le lard, la viande, les fruits, le pétrole, sans compter l'or, l'argent, le cuivre, etc. L'Australie, la Nouvelle-Zélande et l'Afrique du Sud produisent la laine, les peaux, le sucre, les conserves alimentaires et de plus, l'or, le cuivre et les diamants. L'Afrique tropicale a l'huile de palme, l'ivoire, le bois de teck, la gomme, etc. L'Amérique du Sud abonde en bestiaux, dont nous tirons du suif, des peaux, des os, des cornes, de l'extrait de viande, etc. La Chine nous envoie de vastes quantités de thé ; elle y joint la soie, le gingembre et mille autres commodités. L'Inde nous cède son coton, son indigo, son juté, son riz, ses semences, son sucre, ses épices et toute espèce d'autres produits. Chaque partie, du monde possède quelques commodités qu'elle produit plus aisément que d'autres contrées, et si la sagesse dirigeait les hommes et les gouvernements, ils laisseraient au commerce toute la liberté possible afin que chaque chose soit produite dans le lieu où sa production demande le moins de travail.

23. Travailler de la bonne manière.

Quel que soit le genre d'industrie exercé en un lieu, nous devons faire en sorte que chaque ouvrier travaille de la meilleure façon, c'est-à-dire ne perde pas son travail et ne fasse pas de méprises. Il y a beaucoup de manières différentes d'accomplir le même travail et pour choisir la meilleure, l'ouvrier doit être intelligent et habile, ou du moins dirigé par quelque personne possédant des connaissances et de l'habileté. Il doit y avoir, en outre, comme nous le verrons plus loin, une grande division du travail, de façon que chaque homme fasse l'ouvrage qu'il exécute le mieux.

Nous avons donc besoin : 1° de la science; 2° de la division du travail.

24. La science.

Pour tirer de son travail tout l'avantage possible, il faut non seulement que le travailleur soit habile, c'est-à-dire adroit, rompu .au métier, mais aussi qu'il soit guidé par une connaissance scientifique des choses qu'il exécute.

La connaissance de la nature consiste, en grande partie, à comprendre la cause des choses, c'est-à-dire à connaître quelles choses doivent être réunies pour produire certaines autres choses. Ainsi, la machine à vapeur est due à cette découverte que si l'on applique de la chaleur à l'eau, il en résulte une forte expansion de vapeur ; le foyer, la houille, la chaudière, l'eau sont donc doués des causes de force. Chaque fois que nous avons un travail à exécuter, nous devons commencer par apprendre, si possible, quelles sont les causes qui l'effectueront le plus facilement et le plus abondamment. La connaissance nous évite bien du travail inutile

Comme l'explique sir John Herschel, la science nous montre quelquefois que les choses que nous voulons faire sont réellement impossibles, comme par exemple, d'inventer le mouvement perpétuel, c'est-à-dire une machine se mouvant par elle-même. D'autres fois, la science nous apprend que la façon dont nous essayons de faire quelque chose est entièrement fausse. Ainsi, on a longtemps cru que la meilleure manière de fondre le fer était d'insuffler de l'air froid dans le fourneau; la science a montré cependant, qu'au lieu d'être froid, l'air insufflé doit être aussi chaud que possible. Souvent aussi, la science nous permet d'accomplir notre oeuvre en nous évitant beaucoup de travail. Le batelier, le marin ont soin de consulter la marée, afin de l'avoir en leur faveur pendant le voyage. Les météorologistes ont préparé des cartes marines qui montrent au capitaine où il trouvera les vents et I les courants les plus favorables à un voyage rapide. Enfin la science nous fait quelquefois découvrir des choses merveilleuses que nous n'aurions, sans elle, jamais crues possibles. Il suffit de mentionner la découverte de la photographie, l'invention du télégraphe et du téléphone. On peul dire en toute vérité que tous les grands perfectionnements industriels - dont la plupart tendent à élever l'homme au-dessus de la condition de la brute - proviennent de la science.

Le poète Virgile avait raison de s'écrier: « Heureux qui connaît la raison des choses ! »

Chapitre IV : Division du travail.

25. D'où provient la division du travail.

Quand un certain nombre d'ouvriers est occupé à quelque travail, nous voyons que chacun d'eux prend d'ordinaire une part de ce travail et laisse les autres parts à ses compagnons. Le partage s'effectue par degrés, de sorte que tout l'ouvrage exécuté en un endroit se divise en beaucoup de branches de métiers. Cette division se   rencontre chez toutes les nations civilisées, et plus ou moins, dans toutes les classes de la société qui ne sont pas tout à fait barbares. Il y a dans chaque village le boucher et le boulanger, le forgeron et le charpentier. La division du travail existe jusque dans une même famille : le mari laboure ou coupe du bois; la femme fait la cuisine, soigne la maison, file ou tisse ; les fils chassent ou gardent les moutons ; les filles servent comme litières. Une chanson populaire demande :

Quand Adam bêchait et qu'Ève filait,

qui faisait le gentleman ?

Elle semble exprimer le fait que la division du travail remonte très haut, jusqu'au temps où il n'y avait pas de gentlemen.

Dans les temps modernes, la division s'étend à l'infini ; non seulement chaque ville, chaque village a ses différents métiers, ses artisans spéciaux, ses différents postes et emplois mais chaque district a ses manufactures particulières. Ici on tisse le coton, ailleurs la laine, plus loin le lin, le jute, la soie. On fait du fer dans le Staffordshire, le Cleveland, les Galles du Sud et l'Écosse ; on fond le cuivre dans les Galles du Sud ; la faïence, la bonneterie viennent de Nottingham et de Leicester, les toiles cousues du Nord de l'Irlande, et ainsi de suite. En outre, la division du travail existe dans chaque manufacture : il y a le directeur, le comptable, les aides-comptables, les contremaîtres des différentes sections, le marqueur, le machiniste, les chauffeurs, les manœuvres, les charretiers, les commissionnaires, les portefaix, etc., sans compter les mécaniciens proprement dits, de spécialités et de rangs divers, qui font l'ouvrage principal.

Ainsi, la division s'étend sur toute la société, depuis la Reine et ses ministres jusqu'au commissionnaire et au balayeur des rues.

26. Adam Smith
et la division du travail.

Nous profitons en beaucoup de façons de la division du travail, mais Adam Smith a si excellemment traité ce sujet qu'il vaut mieux tout d'abord exposer ses vues sur la matière.

Il y a d'après lui, trois avantages principaux à la division du travail :

1°   Elle augmente l'habileté de chaque ouvrier en particulier ;

2°   Elle évite le temps perdu d'ordinaire à passer d'un travail à un autre ;

3°   Elle favorise l'invention d'un grand nombre de machines qui facilitent et abrégent le travail, et permettent à un homme de faire la besogne de plusieurs.

On ne peut douter que la pratique n'augmente l'habileté. Quiconque a essayé d'imiter un jongleur ou de jouer du piano sans l'avoir appris, sait quel résultat il obtient. Personne ne pourrait, sans une longue pratique, faire la besogne d'un souffleur de verre. Si même un homme peut faire quelqu'ouvrage, il le fera bien plus vite s'il le répète souvent. Adam

Smith avance que si un forgeron devait faire des clous sans y être habitué, il ne ferait pas au delà de 200 ou 500 mauvais clous par jour. Avec de la pratique il pourrait arriver à faire 800 ou 1 000 clous, tandis que des enfants élevés dans le métier de cloutier peuvent en façonner 2500 de la même espèce, pendant le même temps. Il est inutile de citer beaucoup d'exemples ; chaque chose que nous voyons faire, bien et vite, l'est par des hommes qui n'ont épargné ni leur temps ni leur peine pour apprendre et pratiquer leur métier.

En second lieu, il y a toujours beaucoup de temps perdu chaque fois qu'un homme passe d'une espèce de travail à une autre, plusieurs fois par jour. Avant de pouvoir faire une chose, vous devez rassembler tous les outils et tous les matériaux qu'il vous faut. Quand vous avez, par exemple, terminé une boîte, vous êtes tout prêt à en faire une autre avec moins d'embarras que la première, mais si vous devez faire, au lieu de cela quelque chose de tout à fait différent, comme raccommoder une paire de souliers ou écrire une lettre, il vous faut préparer toute une nouvelle série d'objets. L'homme, d'après Adam Smith, flâne toujours un peu en passant d'un travail à un autre, et si le fait se renouvelle souvent, il risque fort de devenir paresseux.

William Stanley Jevons

Enfin Smith affirmait que la division du travail conduit à l'invention de machines qui abrègent le travail; parce que, pensait-il, les hommes découvrent plus facilement la voie la plus facile pour arriver à un but, quand toute leur attention est dirigée sur ce but.

L'exactitude de cette assertion semble douteuse. Les ouvriers il est vrai, découvrent parfois quelque méthode pour diminuer leur travail, et quelques inventions importantes ont été faites de cette façon. Mais, en général, la division du travail favorise l'invention, parce qu'elle permet aux hommes ingénieux de faire de l'invention leur profession. Les plus grands inventeurs, comme James Watt, Bramah, Fulton, Roberts, Nasmyth, Howe, Fairbairn, Whitworth, les Stephenson, Wheatstone, Bessemer, Siemens, n'ont pas été amenés à l'invention par la voie indiquée par Adam Smith ; ils ont cultivé leur génie originel par l'étude attentive et une longue pratique de la construction mécanique. Ce qui est vrai, c'est que la division du travail aide grandement l'invention en permettant à chaque fabrique d'adopter une espèce particulière de machines. En Angleterre, la division s'accentue de plus en plus, et il n'est pas rare de voir tout l'approvisionnement d'une commodité sortir d'une manufacture unique, qui peut alors posséder une série de machines inventées pour produire cette seule commodité. Le cas se présente plus souvent encore dans les grandes manufactures des États-Unis.

La division du travail nous est encore avantageuse de plusieurs autres manières, que je vais maintenant exposer.

27. La multiplication des services.

On épargne souvent beaucoup de travail en s'arrangeant de façon à ce qu'un ouvrier puisse servir plusieurs personnes aussi facilement qu'une seule. Si un messager va porter une lettre au bureau de poste, il en portera tout aussi vite une vingtaine. Au lieu de vingt personnes portant .leurs propres lettres, un seul messager peut taire toute la besogne sans plus d'embarras. Ce fait explique pourquoi la poste peut envoyer une lettre d'un bout du royaume à l'autre pour un penny et:même un demi penny. Il y a tant de personnes qui écrivent ou reçoivent des lettres, qu'un facteur en porte d'ordinaire une grande quantité, et souvent en délivre une demi-douzaine à la fois. Il serait tout à fait impossible d'envoyer des télégrammes à prix aussi réduit, parce que chaque message doit être télégraphié séparément le long des fils, et distribué aussitôt par un envoyé spécial qui peut rarement en porter plus d'un à la fois. L'archevêque Whately a fait remarquer que quand une troupe de voyageurs, explorant une contrée nouvelle, va camper pour la nuit, ils se divisent naturellement la besogne ; l'un soigne les chevaux, un autre déballe les provisions, un troisième fait du feu et cuit le souper, un quatrième va chercher l'eau, ainsi de suite. Il serait tout à fait absurde qu'une douzaine de voyageurs de la même troupe allumassent douze feux séparés et cuisissent douze repas. Le travail d'allumer le feu et de faire la cuisine pour douze personnes n'est pas beaucoup plus grand que pour une ou deux.

Il y a beaucoup de choses qui, une fois faites, serviront à des milliers et à des millions de personnes. Que quelqu'un reçoive une information importante, par exemple qu'une tempête traverse l'Atlantique, il peut avertir toute une nation au moyen des journaux. C'est un grand bienfait de posséder à Londres un bureau météorologique, où deux ou trois hommes travaillent à étudier l'état de l'atmosphère dans tous les pays, et nous mettent ainsi à même, autant que la chose est possible, de prévoir le temps prochain. C'est là une bonne application de la multiplication des services.

28. La multiplication des copies

28. *La multiplication des copies* est aussi un moyen d'accroître immensément le produit du travail. Quand les outils et les modèles qui servent à faire une chose sont une fois en notre possession, il est souvent possible de multiplier les copies sans nouvel embarras. Tailler un coin pour frapper une monnaie ou une médaille est un travail très long et très coûteux, mais quand une fois on possède de bons coins, il est facile de s'en servir pour un grand nombre de pièces, et le coût du frappage est très minime.

La presse à imprimer cependant est le meilleur exemple de ce genre de multiplication. Faire copier les oeuvres de Shakespeare par un écrivain juré, coûterait plus de deux cent livres, et chaque nouvel exemplaire coûterait autant que le premier. Avant l'invention de l'imprimerie, on copiait les livres de cette façon, et les manuscrits coûtaient par conséquent très cher, sans compter qu'ils étaient remplis de fautes.

On peut aujourd'hui acheter les oeuvres complètes de Shakespeare pour un shilling et chacun des romans de Walter Scott pour six pence.

Il peut coûter plusieurs centaines de livres pour composer et stéréotyper un ouvrage important, mais cette opération une fois faite, on peut tirer des centaines de mille exemplaires, dont le prix est à peine supérieur à celui du papier et du brochage. Presque tous les objets usuels dont nous nous servons aujourd'hui, tels que les chaises et les tables communes, les tasses, les sucriers, les théières, les cuillers et les fourchettes, etc., sont faits à la machine et ne sont que les copies d'un patron original. On peut acheter une bonne chaise pour cinq shillings et même moins, mais si vous voulez avoir une chaise d:un modèle nouveau, elle vous coûtera peut-être cinq ou dix fois autant.

29. Adaptation personnelle.

Un autre avantage de la division du travail est que la diversité des métiers permet à chaque personne de choisir celui pour lequel elle est le mieux faite : l'homme fort et bien portant se fait forgeron ; l'homme plus faible fait marcher un métier ou fabrique des souliers ; l'habile apprend l'état d'horloger ; l'ignorant et l'inhabile peuvent s'employer a casser les pierres ou à tailler les haies. Chaque homme travaillera généralement au métier dans lequel il peut obtenir le meilleur salaire : ce serait évidemment de l'habilité perdue si .l'artisan cassait des pierres ou balayait les rues.

Plus s'étend la division du travail, plus se développent les fabriques, et plus aussi il y a de chances pour chacun de trouver un emploi adapté à ses facultés. Les hommes adroits font l'ouvrage que personne autre ne peut faire; ils ont des manœuvres pour les aider dans les choses qui n'exigent pas d'habileté; les contremaîtres tracent la besogne et la distribuent aux artisans ; les commis habitués à compter, tiennent les livres, font les payements et reçoivent l'argent ; le directeur de la fabrique, homme ingénieux et expérimenté, peut dévouer toute son attention à diriger l'œuvre, à faire des marchés avantageux ou à inventer des perfectionnements.

Chacun est ainsi occupé de manière à ce que son travail soit le plus productif, le plus utile aux autres, et en même temps le plus profitable pour lui-même.

30. Adaptation locale.

En dernier lieu, la division du travail amène l'adaptation locale, c'est-à-dire qu'elle permet d'exécuter chaque espèce d'ouvrage a l'endroit qui lui convient le mieux. Nous savons déjà (paragr. 22) que chaque espèce de travail doit se faire là où il est le plus productif, mais cela ne peut avoir lieu sans la division du, travail. C'est grâce à elle que les Français font du vin, des étoffes, de soie, ou des articles de Paris, tandis qu'ils achètent le coton de Manchester, la bière de Burton-on-Trent et la houille de Newcastle. Quand le commerce est libre et la division du travail bien établie, chaque ville, chaque district apprend à faire quelque commodité mieux que les autres provinces ; les montres se font à Clerkenwell, les plumes d'acier à Birmingham, les aiguilles à Redditch, la coutellerie à Sheffield, les faïences à Stoke, les rubans à Coventry, les glaces à Saint-Helen's, les chapeaux de paille à Luton, et ainsi de suite.

Il n'est pas toujours possible de dire exactement pourquoi certains articles se font mieux à une place qu'à l'autre, par exemple la soie à Lyon, mais il en est souvent ainsi et le peuple doit être laissé aussi libre que possible d acheter les marchandises qu'il aime le mieux. Les commodités sont fabriquées pour procurer du plaisir et de l'utilité, et non pas, comme nous le verrons, pour donner du travail aux ouvriers.

Le commerce, dès qu'on le laisse libre, donne naissance à la division du travail non seulement entre ville et ville, comté et comté, mais aussi entre les nations les plus éloignées entre elles. Ainsi se crée ce qu'on peut appeler la division territoriale du travail. Le commerce de peuple à peuple n'est pas seulement l'un des meilleurs moyens d'augmenter la richesse et d'épargner le travail, il nous rapproche aussi du moment où toutes les nations vivront dans l'harmonie, comme si, elles n'étaient plus qu'une nation.

31. La combinaison du travail.

Nous voyons maintenant tous les avantages qu'il y a à ce que chaque homme apprenne à fond un métier unique. Cela s'appelle la division du travail, parce que l'ouvrage se divise en un grand nombre d'opérations différentes ; néanmoins, elle amène les hommes à s'assister les uns les autres et à fabriquer de compagnie les mêmes marchandises. Ainsi, pour produire un livre, un grand nombre de métiers doivent s'entraider : les fondeurs moulent les caractères, les mécaniciens construisent la presse à imprimer ; le papier se fabrique d'un côté, l'encre d'un autre ; les éditeurs dirigent l'affaire, l'auteur fournit sa copie ; .les compositeurs rangent les caractères, le prote corrige les épreuves, les pressiers enlèvent les feuilles imprimées. Viennent ensuite les relieurs, les libraires, sans compter un grand nombre de petits métiers qui fournissent les outils aux métiers principaux. La Société ressemble ainsi à une machine très compliquée, formée de rouages nombreux dont chacun se meut et répète sans cesse la même besogne.

C'est là ce que nous pourrions appeler organisation complexe : différentes personnes, différents métiers solidaires les uns des autres et contribuant tous au résultat final.

On doit observer que personne ne trace ces divisions; bien plus, peu de gens savent combien il y a de métiers et comment ils se relient les uns aux autres. Il faut au moins trente-six catégories d'ouvriers pour fabriquer et assembler les parties d'un piano ; quarante métiers concourent à la fabrication d'une montre ; dans le travail du coton, il y a plus de cent occupations différentes.

Il se crée fréquemment de nouveaux métiers, surtout après une découverte nouvelle. Ainsi, seize au moins sont occupés dans la photographie, ou à faire les choses nécessaires aux photographes. Les chemins de fer ont donné naissance à des séries d'emplois qui n'existaient pas il y a cinquante ans. Il ne faut pour les créer ou les autoriser, aucun acte du parlement ; la loi est impuissante à déterminer le nombre des métiers et de ceux qui entreront dans chacun d'eux, parce que personne ne peut connaître les besoins de l'avenir. Ces choses s'arrangent par une. sorte d'instinct social. Chacun s'empare du genre de travail qui semble lui convenir et devoir mieux lui payer son temps.

Une autre espèce de combinaison du travail, tout à fait différente, s'établit, quand des hommes s'assistent mutuellement à faire !a même besogne. Ainsi, des marins, tirant un même câble, combinent leur travail ; il en est de même quand on porte la même échelle, qu'on rame à la même barque et ainsi de suite. On dit dans ce cas qu'il y a combinaison simple parce que les hommes font la même espèce de travail. Quand, au contraire, ils ont à accomplir des opérations différentes, on dit qu'il y a combinaison complexe, comme quand un homme fait la pointe d'une épingle et un autre la tête. A bord d'un vaisseau, il y a tout à la fois combinaison simple et complexe.

Quand plusieurs matelots travaillent au même cabestan, la combinaison est simple, parce que chacun fait exactement la même chose que les autres. Mais le capitaine, le second, le timonier, le charpentier, le maître d'équipage, le cuisinier, travaillent en combinaison complexe, puisque chacun vaque à ses propres occupations. De même, dans une compagnie, les simples soldats agissent en combinaison simple, mais les officiers de différents grades ayant des devoirs distincts à remplir, la combinaison devient complexe. Les hommes qui s'assistent ainsi les uns les autres sont d'ordinaire capables d'accomplir beaucoup plus de travail que s'ils agissaient séparément.

32. Inconvénients de la division du travail.

Il y a certainement quelques inconvénients résultant de la grande division du travail qui existe aujourd'hui dans les pays civilisés, mais ils ne sont pas à comparer aux immenses bénéfices que nous en retirons. Nous allons pourtant les indiquer.

En premier lieu, la division du travail tend à limiter à restreindre la puissance de l'individu. Il fait un genre d'ouvrage si constamment, qu'il n'a pas le temps d'apprendre ni de pratiquer les autres. Un homme ne vaut plus, comme on l'a dit, que la dixième partie d'une épingle, c'est-à-dire qu'il y a des hommes qui ne savent faire, par exemple, que des têtes d'épingles. Les Romains disaient : *ne sutor ultra crepidam*, que le cordonnier s'en tienne à sa forme. Qu'un homme accoutumé à ne faire que des épingles ou des souliers soit transporté dans les États du Far West américain, il se trouvera impropre à faire tous les durs travaux exigés du colon. Le pauvre paysan norvégien ou suédois, qui semble à première vue moins intelligent, peut bâtir sa maison, cultiver sa terre, soigner son cheval et fabriquer plus ou moins bien ses chariots, ses ustensiles, son mobilier. Le Peau-Rouge lui-même est beaucoup plus capable de se suffire dans une contrée déserte que le mécanicien instruit.

La seule chose qu'on puisse dire, est que le cordonnier habile, l'artisan quel qu'il soit, doit s'efforcer de s'en tenir au métier qu'il a si bien appris. C'est un malheur pour lui et pour les autres quand il est obligé d'entreprendre un travail qu'il ne peut faire aussi bien.

Un second inconvénient de la division du travail, est de compliquer le commerce à l'excès ; le moindre dérangement amène la ruine de certains. Chaque personne apprend à fabriquer une marchandise unique, et si un changement de mode ou quelqu'autre cause amène une diminution dans la demande de cette marchandise, le producteur reste dans la pauvreté jusqu'à ce qu'il ait appris un autre métier. Autrefois, la fabrication des crinolines était un commerce important et lucratif ; aujourd'hui il a presque entièrement disparu et ceux qui en vivaient ont dû chercher d'autres emplois. D'autre part, chaque métier est généralement bien pourvu de bras, parfaitement exercés à la besogne, et il est très difficile à des ouvriers nouveaux, surtout quand ils sont âgés, d'apprendre ce nouveau travail et de lutter avec ceux qui le pratiquent depuis longtemps.

Dans quelques cas, la chose a pourtant été faite avec succès. Ainsi, quand les mines de Cornouailles cessèrent d'être exploitables, les mineurs se rendirent aux houillères où il manquait beaucoup d'ouvriers à la veine. Mais en général, il est très difficile de trouver un nouvel emploi en Angleterre, et c'est ce qui devrait fortement engager les trades-unions à ne pas s'opposer à l'entrée de nouveaux ouvriers dans un métier pour lequel ils n'ont pas été élevés.

Les houilleurs essayèrent d'interdire l'accès des puits aux mineurs de Cornouailles. Pour maintenir leurs salaires aussi hauts que possible, ils auraient laissé leurs semblables mourir de faim. Cette façon d'agir est profondément égoïste et pernicieuse. Si chaque corps de métier s'efforçait ainsi d'éloigner tous les autres ouvriers, comme si le métier qu'il exerce était sa propriété, on verrait une foule d'infortunés entrer au workhouse sans qu'il y ait de leur faute. Il est très important d'affirmer le droit de tout homme à faire tout travail qu'il peut obtenir. C'est un des premiers droits de l'ouvrier, et l'un dès plus importants, de travailler à toute l'œuvre honnête qu'il trouve profitable pour lui. Le travail doit être libre.

Chapitre V : Capital

33. Qu'est-ce que le capital ?

Nous allons maintenant essayer de comprendre la nature du troisième instrument de la production, appelé capital, et qui consiste en richesse employée à nous aider à produire une richesse nouvelle. Tout capital est une richesse mais il n'est pas vrai que toute richesse soit un capital. Si un homme possède une provision de nourriture, ou une provision d'argent avec laquelle il achète de la nourriture, et que celle-ci l'aide simplement à vivre sans qu'il fasse aucun travail, sa provision n'est pas considérée comme un capital, parce qu'il ne produit pas en même temps de la richesse. Mais s'il est occupé à bâtir une maison, à creuser un puits, à faire un chariot, à produire enfin n'importe quelle chose qui lui épargnera plus tard du travail et qui lui sera utile, alors sa provision est un capital.

Le grand avantage du capital est de permettre de faire l'ouvrage de la manière la moins laborieuse. Si un homme qui veut porter de l'eau d'un puits jusqu'à sa maison n'a qu'un très petit capital, il achètera simplement un seau et portera séparément chaque seau d'eau : c'est un travail très laborieux. S'il a plus de capital, il achètera un baril et le mettra sur une brouette qui supprimera une grande partie du poids. S'il en a plus encore, le meilleur moyen sera de faire un chenal ou même d'établir une conduite métallique du puits jusqu'à sa maison. Cela coûtera tout d'abord beaucoup de travail, mais une fois fait, l'eau s'écoulera par son propre poids peut-être, et pendant tout le reste de sa vie il s'épargnera l'embarras de porter de l'eau.

34. Capital fixe et circulant.

On dit d'ordinaire que le capital est ou fixe ou circulant, et nous devons bien saisir la différence qui existe entre les deux.

Le capital fixe consiste en fabriques, machines, outils, navires, chemins de fer, docks, chariots, voitures et autres choses qui durent longtemps et viennent en aide au travail. Il ne renferme pas cependant toute espèce de propriétés fixes. Les églises, les monuments, les tableaux, les livres, les arbres d'ornement, etc., durent longtemps, mais ils ne sont pas un capital parce qu'ils ne nous aident pas à produire de nouvelles richesses. Ils peuvent faire du bien, donner du plaisir et faire partie de la richesse du royaume, mais ils ne sont pas un capital, conformément à l'acception du mot.

Le capital circulant consiste en nourriture, vêtements, combustibles et autres choses qui sont nécessaires pour soutenir les travailleurs occupés à un travail productif. On l'appelle circulant parce qu'il ne dure pas longtemps : les pommes de terre, les choux une fois mangés, on doit en cultiver de nouveaux ; les habits s'usent en quelques mois, en un an, il faut en acheter d'autres. Le capital circulant qui existe aujourd'hui dans le pays n'est pas le même qui s'y trouvait il y a deux ans. Le capital fixe, au contraire est sensiblement le même : quelques fabriques peut-être on été brûlées ou renversées, quelques machines ont pu s'user et être remplacées par d'autres, mais ces changements sont relativement faibles, tandis que tout ou presque tout le capital circulant change en un an ou deux.

Mais, en réalité, nous ne pouvons distinguer aussi facilement qu'on le croirait bien le capital fixe du capital circulant : certaines espèces de capitaux ne sont ni tout à fait fixes ni tout à fait circulants. La farine est bientôt mangée, c'est un capital circulant. Un moulin à farine peut durer cinquante ans peut-être, c'est certainement un capital fixe. Mais le sac à farine qui dure dix ans eu moyenne, est-il un capital fixe ou circulant ? Cela semble difficile à dire. Dans un chemin de fer, la houille et l'huile nécessaires à la locomotive sont usés aussitôt et sont évidemment du capital circulant. Les wagons durent environ dix ans, les locomotives vingt ans et plus, les stations trente ans au moins ; il n'y a pas de raisons pour qu'avec des soins les ponts, les tunnels et les remblais ne durent pas des centaines d'années. Nous voyons ainsi que le capital est tout à fait une question de temps et nous disons qu'il est d'autant plus fixe qu'il dure ou qu'il continue à être utile plus longtemps, et d'autant plus circulant qu'il est plus vite usé et détruit, et demande ainsi à être plus souvent remplacé.

35. Comment s'obtient le capital ?

Le capital est le résultat de l'épargne et de la privation, c'est-à-dire qu'on ne peut l'obtenir qu'en travaillant à produire de la richesse et en ne consommant pas immédiatement cette richesse. Le pauvre sauvage que le besoin de nourriture force à travailler durement chaque jour ne possède pas de capital, mais dès qu'il a quelque nourriture sous la main et qu'il peut s'occuper à fabriquer des arcs et des flèches pour faciliter la capture des animaux, il place du capital dans ces arcs et ces flèches. Chaque fois que nous travaillons ainsi dans un but futur, nous vivons du capital et nous en plaçons.

L'abstinence (du latin *ab*, loin de, *tenens*, tenant) consiste à se priver de la jouissance d'une chose que nous avons produite, ou que nous pourrions produire avec le même travail.

Épargner, c'est garder quelque chose sans y toucher, pour un usage futur ; nous l'épargnons aussi longtemps que nous ne le consommons pas. Si je possède une provision de farine et que je la mange, la farine a pris fin et on ne peut dire que je l'épargne ; mais si, tout en la mangeant, je suis occupé à faire une charrue, un chariot ou quelque autre objet durable, qui m'aidera à produire, j'ai transformé une forme du capital en une autre forme. J'aurais pu manger la farine dans l'oisiveté et dans ce cas elle n'eût pas été un capital, mais en la mangeant j'ai travaillé pour l'avenir et j'ai ainsi placé du capital, ce qui signifie que j'ai transformé un capital circulant en capital fixe, en lui donnant une forme plus durable.

Le capital, par conséquent, est placé pour des périodes plus ou moins longues, suivant la durée de la forme sous laquelle il est déposé. Une bonne charrue pourra durer vingt ans peut-être ; pendant tout ce temps son possesseur recouvrera par son usage le bénéfice du travail et du capital dépensés à la fabriquer. Quand elle sera usée, il devra être rentré en possession de tout le capital qu'elle a coûté, augmenté de quelque intérêt. Le capital placé dans des wagons de chemins de fer doit être remboursé pendant les dix ans que ces wagons durent en moyenne.

Le capital engagé dans une affaire, quelle qu'elle soit, peut toujours être regardé comme consistant en salaires, ou en choses qui se payent en salaires. Aussi, dans les chemins de fer, le capital consiste en nourriture, en vêtements, et en autres commodités consommées par les ouvriers qui ont fait les chemins de fer. Il est vrai qu'il a fallu également des outils, des rails, des billes, des briques et d'autres matériaux, mais comme ces choses avaient d'abord été obtenues par le travail, nous pouvons dire que le capital qui y est réellement engagé représente le salaire des ouvriers qui les avaient fabriquées. Ainsi donc, en remontant assez haut, nous trouvons toujours le capital représenté par l'entretien des travailleurs.

36. Placement du capital.

Nous avons deux choses à considérer dans ce placement : la quantité de capital, et le temps pendant lequel il est placé. La même quantité de capital occupera plus ou moins d'hommes, suivant qu'elle est placée pour des périodes plus ou moins longues. L'homme qui cultive des pommes de terre ne doit attendre le résultat de son travail qu'un an en moyenne. Si sa nourriture et ses habits pendant un an coûtent 750 francs, alors un capital de 750 francs est suffisant pour lui donner du travail de cette façon, Trois hommes, pour cultiver les pommes de terre, exigeront naturellement trois fois autant de capital, ou 2250 francs, et ainsi de suite, dans la même proportion.

Dans la culture de la vigne, il faut attendre plusieurs années avant qu'elle commence à porter.

Supposons qu'il faille attendre cinq ans, le vigneron aura besoin de 5 X 750 ou 5750 francs avant de faire la première vendange. Trois vignerons exigeront 3 X 5 X 750 ou 11 250 francs, dix demanderont 10x5x 750 ou 57500 francs, et ainsi de suite.

Ce fait nous montre clairement que le capital nécessaire à une industrie quelconque est proportionnel au nombre d'hommes employés et au temps pendant lequel le capital y reste enfermé, ou placé. Il n'y a d'ailleurs aucune proportion fixe entre le nombre de travailleurs et le capital qu'ils exigent ; cela dépend entièrement du temps au bout duquel le capital est restitué. Un pauvre sauvage s'arrange pour vivre avec un capital de quelques jours sous la main, un cultivateur de pommes de terre avec un capital d'un an. Dans une ferme moderne, où se pratiquent beaucoup de perfectionnements durables, la quantité de capital exigée est beaucoup plus grande. Il faut un capital immense pour un chemin de fer, à cause de la grande proportion de ce capital qui prend une forme très fixe et très durable dans les remblais, les stations, les rails et les machines.

37. Le travail ne peut être un capital.

Il n'est pas rare d'entendre dire que le travail est le capital du pauvre et on en conclut que le pauvre a juste autant de droit de vivre sur son capital que te riche sur le sien. Il a ce droit, s'il le peut. Si un travailleur peut produire n'importe quelle richesse, et l'échanger contre de la nourriture et d'autres nécessités, il peut naturellement le faire, mais en règle générale, il ne le peut sans travailler un certain temps, sans attendre que le produit soit fini et vendu. Pour cela, il a besoin de quelque chose de plus que son travail, il a besoin de nourriture dans l'intervalle, et aussi de matériaux et d'outils. Ces différentes choses forment le capital exigé, et il est nuisible d'appeler le travail un capital quand en réalité c'est une chose tout à fait différente.

Parfois aussi j'ai entendu dire que la terre est un capital, que l'intelligence est un capital, et ainsi de suite. Ce sont là toutes expressions trompeuses. La signification qu'on y attache, est sans doute que certaines personnes vivent avec ce qu'elles obtiennent de la terre, ou de leur intelligence, comme d'autres vivent de ce qu'elles obtiennent comme intérêt d'un capital. Néanmoins, la terre n'est pas un capital, ni l'intelligence. La production exige, comme nous l'avons vu, trois choses distinctes : la terre, le travail et le capital, et il est fort mauvais de confondre les choses en leur donnant le même nom, quand elles ne sont pas la même chose.

Chapitre VI : Distribution

38. Comment se partage la richesse.

Nous avons appris ce que c'est que la richesse, comment on doit s'en servir, et comment on peut la produire en plus grande quantité avec le moins de travail possible, mais nous n'avons pas encore abordé la partie la plus difficile de notre sujet. Il nous reste à éclaircir comment la richesse se partage entre ceux qui ont mis la main à sa production.

Les instruments de l'industrie sont, comme nous l'avons vu, la terre, le travail et le capital. S'ils étaient fournis tous trois par la même personne, il n'y aurait aucun doute que le produit tout entier ne doive lui appartenir, à l'exception de ce que prélève le gouvernement sous forme d'impôts, mais il est rare, dans l'état actuel de la société, que le travailleur possède toute la terre et tout le capital qu'il emploie. Il va travailler dans la ferme d'un autre, ou dans la fabrique d'un autre ; il vit dans la maison d'un autre, et souvent mange la nourriture d'un autre ; il tire profit des inventions et des découvertes des autres, et se sert des routes, des chemins de fer, des édifices publics, etc., construits aux frais de la communauté.

La production de la richesse, par conséquent, ne dépend pas de la volonté et des actes d'un seul homme, mais d'une association convenable de la terre du travail et du capital, faite par différentes personnes ou classes de personnes. Celles-ci doivent avoir leurs parts distinctes dans la richesse créée ; si elles fournissent un des instruments de production, elles peuvent faire un marché et réclamer plus ou moins du produit. Cependant, ce n'est pas la chance ou le caprice qui gouvernent le partage des richesses et nous allons étudier les lois naturelles suivant lesquelles la distribution a lieu.

Nous avons à nous expliquer comment une grande partie de la population obtient si peu, et quelques-uns autant. Des hommes travaillent de toutes leurs forces sur une terre et produisent une récolte : le fermier arrive et en enlève la plus grande partie comme rente, de telle sorte que les ouvriers en gardent juste assez pour vivre.

Quand nous aurons compris pourquoi le travailleur obtient si peu à présent, nous pourrons voir peut-être comment il peut s'arranger pour obtenir davantage ; mais nous verrons, en tous cas, que le résultat est dû en grande partie aux lois de la nature. La partie de notre sujet que nous allons examiner s'appelle la distribution de la richesse, parce qu'elle nous apprend comment la richesse produite est distribuée (*dis*, çà et là, *tribuere*, allouer) entre les travailleurs, les possesseurs de la terre, ceux du capital, et le gouvernement.

La part du travailleur s'appelle salaire ; la part de la terre s'appelle rente ; celle du capitaliste, intérêt; le gouvernement lève des impôts.

Nous pouvons dire qu'en général, le produit du travail se divise en quatre parts ainsi représentées :

$$Produit = salaires + rente + intérêt + impôts.$$

39. La part du travailleur.

Salaire. On doit se rappeler soigneusement que les mots de salaire, rente, intérêt, comme nous les employons ici, ne répondent pas exactement à la signification qu'on leur donne dans la vie ordinaire. Les salaires payés aux ouvriers sont quelquefois plus que du salaire, il y entre une part d'intérêt. Quant à la rente, elle renferme presque toujours aussi une part d'intérêt, et ce qu'on appelle intérêt peut jusqu'à un certain point être un salaire ou une rente.

Nous n'entendons par salaire, en économie politique ce qui paye réellement la peine du travail. Beaucoup d'ouvriers, en effet, possèdent leurs outils : les maçons ont des ciseaux, des maillets, des règles, etc. ; les charpentiers ont souvent besoin de plusieurs centaines de francs de rabots et d'autres instruments ; un fabricant de pianos possède quelque fois pour dix-sept cent francs d'outils ; les jardiniers ont des pelles, des râteaux, une brouette, une hache et peut-être une faucheuse et un rouleau. Tous ces outils représentent autant de capital engagé, et un certain intérêt doit être payé pour ce capital ; le fabricant de pianos, par exemple, doit recevoir environ cent francs d'intérêt pour le prix de ses outils. Le salaire proprement dit est ce qui demeure après qu'on a fait la part de cet intérêt, et il serait convenable de soustraire aussi ce qu'on paye au gouvernement comme impôts.

40. La part de la terre.

La rente, seconde part du produit, représente en économie politique ce qui est payé pour l'usage d'un agent naturel, que ce soit une terre, un gisement de minerais, une rivière ou un lac. La rente d'une maison ou d'une fabrique n'est donc pas toute entière de la rente dans le sens que nous donnons à ce mot. On a dépensé du capital pour bâtir la maison ou la fabrique et on doit payer un intérêt pour ce capital; nous devons donc déduire cet intérêt de ce qu'on appelle communément la rente, pour trouver ce qui est réellement une rente. En la séparant de l'intérêt, la rente véritable d'une maison est donc la somme payée pour le terrain sur lequel cette maison est bâtie. De même, la rente ordinaire d'une ferme renferme d'habitude l'intérêt du capital dépensé dans les bâtiments, les chemins, r les portes, les clôtures, le drainage et les autres perfectionnements. Nous verrons plus loin exactement comment la rente véritable prend naissance.

41. La part du capital, ou l'intérêt

41. *La part du capital, ou l'intérêt*, veut souvent dire beaucoup moins que ce qui reste actuellement entre les mains du capitaliste. Les affaires sont généralement entreprises par quelque capitaliste qui loue une pièce de terre, bâtit une fabrique, achète des machines et emploie alors des hommes pour les mettre en oeuvre, en payant à ceux-ci un salaire. Ce capitaliste est souvent le directeur lui-même et travaille chaque jour presque aussi longtemps que les

ouvriers. Quand les marchandises sont finies et vendues, il garde tout l'argent qu'il en retire, mais à ce moment il a déjà payé une somme considérable en salaires pendant que les marchandises se fabriquaient; une autre part va payer la rente de la terre qu'il a louée. Ces portions mises de côté, il doit lui rester un certain profit, dont une partie l'aidera à vivre. Ce profit lui-même doit renfermer autre chose que l'intérêt du capital : il doit rémunérer le travail dépensé à diriger l'affaire. Peut-être le directeur d'une usine ne touche-t-il que rarement le coton, le lin, le fer ou les autres matières qu'il manufacture ; il n'en travaille pas moins de la tête et de la plume, calculant le prix de revient de ses marchandises, cherchant où il peut acheter les matières premières à meilleur compte, choisissant de bons ouvriers, tenant les livres, faisant cent autres choses. Le travail mental assidu est en réalité beaucoup plus difficile et épuisant que le travail manuel, et pour fonder une bonne affaire, pour traverser les époques dangereuses, un directeur doit éprouver de grands soucis et de grandes fatigues mentales. Il est donc nécessaire que s'il réussit une affaire, il reçoive une part considérable du produit, pour que le profit en vaille la peine. Sa part s'appelle frais de surintendance, et quoiqu'elle soit d'ordinaire beaucoup plus importante que celle du simple ouvrier, elle est réellement un salaire de même nature.

Une autre fraction du profit du capitaliste doit être mise de côté comme assurance contre les risques. Il y a toujours plus ou moins d'incertitude dans le commerce, et le directeur le plus habile, le plus prudent, peut perdre de l'argent par suite de circonstances sur lesquelles il n'a aucune prise. Quelquefois, après avoir construit une fabrique, la demande des marchandises qu'il va fabriquer tombe subitement; parfois il lui est impossible d'acheter les matières premières ; peut-être découvre-t-on, trop tard, que la fabrique a été bâtie dans un endroit qui ne convient pas ; parfois aussi les ouvriers sont mécontents et refusent de travailler pour le salaire que peut accorder le capitaliste. Quelle que soit la méprise ou le malheur qui se présente c'est ce dernier qui en souffre le plus, parce qu'il perd de grandes sommes d'argent qui auraient pu autrement lui permettre de vivre confortablement. On voit des hommes qui ont travaillé toute leur vie et qui sont devenus riches par degrés, perdre à la fin toutes leurs richesses, par quelque erreur de jugement ou quelque malheureux événement qu'on ne peut leur imputer.

Un capitaliste dort donc avoir quelque encouragement pour courir ces risques désagréables. S'il prêtait son capital au gouvernement, il pourrait en retirer un intérêt, tout en étant presque sûr de ne rien perdre. Si malgré cela, il le place dans le commerce, en en courant les risques, il doit en être récompensé. Cette récompense doit être au moins assez forte pour que les profits des bonnes affaires balancent les pertes des mauvaises, et que les capitalistes soient au moins sûrs de retirer l'intérêt de leur capital et leurs appointements de surintendance. Nous pouvons donc établir l'équation suivante :

$$Profit =$$
Frais de surintendance + intérêt + prime d'assurance contre les risques.

42. De l'intérêt.

Ce qu'on paye pour l'usage d'un capital, entièrement séparé de ce qui est dû pour les peines et les risques de la personne qui conduit l'affaire, s'appelle intérêt. Cet intérêt, naturellement, sera plus ou moins grand suivant que la somme de capital est plus ou moins forte ; il variera également suivant que le capital est placé pour plus ou moins longtemps. Le taux de l'intérêt s'établit donc toujours en proportion de la somme et du temps ; 5 pour 100 par an signifie que pour chaque cent francs, cinq francs seront .payés chaque année pendant tout le temps que le capital sera placé et dans la même proportion pour des temps plus ou moins courts. Le taux de l'intérêt qu'on paye actuellement dans les affaires varie beaucoup, de 1 ou 2 pour 100 à 50 pour 100 et plus.

Quand le taux dépasse 5 ou 6 pour 100, il n'est plus, jusqu'à un certain point, un intérêt réel, mais une compensation pour le risque de perdre le capital tout entier.

Pour connaître le vrai taux moyen de l'intérêt, nous devons rechercher ce qu'on paie pour de l'argent prêté à des personnes sûres, donnant des propriétés en garantie, de telle sorte qu'il ne reste aucun doute sur la restitution. Il semble probable que le vrai taux moyen de l'intérêt est à présent d'environ 4 pour 100, mais il varie dans les différents pays. Il est plus bas en Angleterre et en Hollande que partout ailleurs. Aux États-Unis il est probablement de 6 ou 7 pour 100.

Le fait le plus important, en ce qui concerne l'intérêt, est qu'il reste le même d'une affaire à une autre. Les profits diffèrent beaucoup il est vrai, mais c'est parce que le travail de surintendance est différent ou parce que les risques sont plus grands dans un commerce que dans l'autre. Quant à l'intérêt réel, il est le même, parce que le capital prêté sous forme d'argent, peut l'être aussi bien à une affaire qu'à une autre. Il n'y a rien dans le capital circulant qui le rende plus propre pour un commerce que pour l'autre : on le prêtera donc au commerce qui lui offre un intérêt tant soit peu plus élevé que les autres.

Il y a donc une tendance constante à l'égalité de l'intérêt dans toutes les branches d'industrie.

Chapitre VII : Salaires

43. Salaire apparent et salaire réel.

Le salaire, comme nous l'avons déjà vu, est le payement que reçoit un travailleur en retour de son travail. Il importe peu que ce payement ait lieu chaque jour, chaque semaine, chaque mois, chaque trimestre, chaque année. Un jardinier à la journée peut être payé chaque soir ; un artisan est payé d'ordinaire le samedi ou le vendredi matin et quelquefois par quinzaine ; les employés reçoivent leur salaire mensuellement ; les directeurs, les fonctionnaires, les secrétaires sont payés par trimestre et quelquefois par semestre. Quand le salaire se paye mensuellement ou à de plus longs intervalles, on lui donne généralement le nom d'appointements, mais s'il est le prix du travail et non d'autre chose, il est exactement de même nature que le salaire proprement dit.

J'ai dit dans le chapitre précédent que le salaire consiste en une part des produits du travail, de la terre et du capital ; d'un autre côté, je viens de dire qu'il consiste en payements. Ici s'élève une des grandes difficultés de notre sujet. En fait, le salaire reçu par les travailleurs, à notre époque, consiste presque toujours en argent. Une personne qui travaille à un métier à coton produit du fil de coton, mais elle ne reçoit pas au bout de la semaine autant qu'il est dit de fil de coton ; elle reçoit autant qu'il est dit de shillings ou de francs. Cela est beaucoup plus commode, car si l'ouvrier recevait du fil de coton ou quelqu'autre commodité qu'il produit, il devrait le vendre pour acheter de la nourriture et des vêtements et payer la rente de sa maison. Au lieu donc de recevoir une part du produit tel qu'il est, il reçoit du capitaliste autant d'argent que sa part est supposée en valoir.

Nous allons maintenant voir qu'il est nécessaire de distinguer entre le salaire en argent, ou apparent, et le salaire réel.

Ce que cherche en réalité l'ouvrier qui travaille, c'est le pain, les habits, la bière, le tabac ou les autres choses qu'il consomme : ces choses forment le salaire réel. Pourvu qu'il en obtienne davantage, il s'inquiète peu de recevoir plus ou moins de salaire en argent : il ne peut manger l'argent, il ne peut s'en servir d'une autre façon qu'en le dépensant dans les boutiques. Si le froment ou le coton enchérit, le salaire de chaque ouvrier est en réalité diminué, parce qu'il peut acheter moins de froment ou de coton avec son salaire en argent. D'un autre côté, tout ce qui diminue le prix des marchandises augmente le salaire réel de l'ouvrier, parce qu'il peut se procurer plus de marchandises avec le même salaire en argent. Les gens sont accoutumés à attacher trop d'importance au nombre de shillings qu'ils reçoivent par jour de travail ; ils s'imaginent qu'en augmentant de vingt-cinq pour cent leur salaire en argent, ils seront de vingt-cinq pour cent plus riches. Ce n'est pas nécessairement le cas car si le prix moyen des marchandises s'élève aussi de vingt-cinq pour cent, ils ne seront, en réalité, ni plus riches ni plus pauvres qu'auparavant.

Nous commençons à comprendre que la chose importante pour chacun est de rendre le travail plus productif. Si quelque marchandise, comme les tissus de coton, peut se fabriquer avec moins de travail, elle se vendra moins cher et chacun, pouvant en acheter davantage pour le même argent, sera ainsi mieux vêtu. S'il en était de même pour les autres objets et que la toile, les bas, les souliers, les briques, les maisons, les chaises, les tables, les serrures, les livres, etc., fussent tous fabriqués en plus grande quantité qu'auparavant avec le même travail, chacun posséderait en plus grande abondance les choses qu'il désire réellement avoir.

Il est certain qu'un accroissement réel des salaires pour le peuple en général ne peut s'obtenir qu'en fabriquant les choses à meilleur marché. Il n'y a pas de doute qu'un commerçant ne gagne quand les marchandises qu'il vend augmentent de prix, mais les consommateurs perdent dans la même proportion, parce qu'ils doivent retrancher de leur confort et de leur nécessaire. D'autre part, si les marchandises sont fabriquées à meilleur marché, tous les consommateurs y gagnent, et tout le monde étant consommateur, tout le monde gagne. Pour autant qu'il se sert des articles dont le prix a baissé. Il ne s'ensuit pas que les artisans et les commerçants souffrent de ces diminutions. Si, grâce à quelqu'invention, des quantités beaucoup plus grandes se fabriquent avec le même travail, l'artisan pourra probablement vendre sa part du produit plus cher qu'auparavant, c'est-à-dire que son salaire augmentera au lieu de diminuer par suite de la baisse du produit. Quant au commerçant, il gagnera peut-être moins sur chacun des articles qu'il vendra, mais comme il vendra d'autant plus, son bénéfice total pourra devenir plus grand qu'avant. Nous arrivons donc à cette conclusion que tout accroissement du produit, toute diminution du prix des marchandises, tend au bénéfice du public, et que c'est la vraie manière de rendre le peuple plus riche.

44. D'où provient
la différence des salaires.

Il est très important de comprendre exactement la raison des grandes différences qui existent dans le taux des salaires payés dans les différentes occupations. Certaines espèces de travailleurs sont payées cent et même mille fois autant par jour de travail que d'autres, et il peut sembler fort injuste qu'il y ait d'aussi grandes inégalités. Nous devons nous convaincre que c'est là le résultat nécessaire de la diversité des caractères et des facultés chez les personnes, diversité qui provient en partie de la force physique ou mentale dont elles sont douées et en partie de l'éducation et de l'expérience qu'elles ont pu acquérir.

Nous entendons dire souvent que tous les hommes sont nés libres et égaux. Cette parole peut être vraie à un point de vue légal, elle ne l'est à aucun autre. Souvent un enfant est fort et robuste dès ses premières années, un autre est faible et impropre aux mêmes exercices. L'esprit présente des différences encore plus remarquables.

Le taux des salaires dans les différents emplois est gouverné par les lois de l'offre et de la demande, que nous étudierons plus loin.

De même que le prix des marchandises s'élève quand il y en a peu sur le marché et que la demande est grande, de même le prix du travail de l'homme s'élève quand il en faut beaucoup d'une espèce particulière et qu'on ne le trouve qu'en petite quantité. Il est indifférent que nous distinguions entre la demande des marchandises et la demande du travail qui est nécessaire pour faire les marchandises ; s'il faut une plus grande quantité d'une chose, il faut aussi trouver plus d'hommes capables de la faire. Si j'achète un baromètre anéroïde, je paye le travail d'un homme capable de faire un tel baromètre ; s'il prend à beaucoup de gens la fantaisie d'avoir des baromètres anéroïdes et que peu d'ouvriers possèdent l'habileté nécessaire pour les fabriquer, ceux-ci peuvent demander un haut prix de leur travail. Il est vrai que les personnes qui achètent des baromètres ne le payent pas d'ordinaire les ouvriers pour les faire ; un homme à la tête d'un capital achète les baromètres faits d'avance, et les met en vente dans une boutique. Le capitaliste avance le salaire des ouvriers, mais ce n'est que pour quelques semaines ou quelques mois, et suivant que la demande des baromètres est forte ou faible, il emploie plus ou moins d'hommes. Ainsi la demande des commodités revient à peu près, mais non tout à fait au même que la demande du travail. Il faut considérer aussi le profit du capitaliste, mais à part cette exception, le taux des salaires est gouverné par la loi de l'offre et de la demande comme le prix des marchandises.

Tout ce qui affecte par conséquent le nombre des hommes disposés et propres à faire une espèce particulière d'ouvrage, affecte le salaire de ces hommes. Ainsi la circonstance principale qui gouverne les salaires est le nombre relatif des personnes élevées aux divers degrés de force à la fois physique et mentale.

La plus grande partie des hommes, pourvu qu'ils soient en bonne santé, possèdent une force musculaire suffisante pour faire les ouvrages grossiers ; l'offre de ces hommes est, par conséquent, très forte, et à moins qu'ils n'acquièrent quelque connaissance spéciale, quelque habileté, ils ne peuvent espérer de hauts salaires. Les nains et les géants sont toujours beaucoup moins communs que les hommes de taille moyenne ; s'il arrivait qu'un ouvrage important ne pût être fait que par des nains ou des géants, ils pourraient exiger des salaires fort élevés. Les nains cependant, ne servent à rien qu'à être exhibés comme curiosités ; les hommes d'une taille et d'une force extraordinaires ne servent pas non plus en général à aucun usage spécial, parce que les travaux les plus durs se font aujourd'hui à la machine. Ils peuvent cependant obtenir encore de très forts salaires à abattre la houille ou à puddler le fer, parce que ces travaux, qui exigent une grande force et une grande résistance, ne se font pas encore facilement à l'aide des machines. Les puddleurs gagnent quelquefois plus de 6000 francs par an.

C'est la grande habileté, la connaissance, qui mettent généralement un homme à même de gagner de forts salaires. Les riches aiment le parfait en tout et le peu de personnes qui peuvent faire le mieux les choses en obtiennent de très hauts prix. Tout le monde peut chanter plus ou moins bien, mais comme il en est très peu qui puissent le faire comme M. Sims Reeves, ce chanteur reçoit peut-être cinq cents ou mille francs pour chacun de ses morceaux. Il en est de même pour les bons artistes, les acteurs, les avocats, les ingénieurs. L'artiste est souvent son propre capitaliste, car il se soutient lui-même pendant de longs mois, des années peut-être, quand il peint un grand tableau. S'il en fait un chef-d'œuvre, il le vendra des milliers de livres parce que beaucoup de riches aiment à posséder de bons tableaux.

45.

Il y a cependant différentes circonstances qui font que les salaires sont plus hauts ou plus bas dans certains emplois que dans d'autres, et nous nous en référerons à ce qu'a dit Adam Smith sur ce sujet. Il mentionnait cinq circonstances principales auxquelles il faut attribuer tes grandes différences qu'on constate dans le salaire de quelques occupations.

1° *L'agrément de l'emploi.* Si une besogne est en elle-même relativement agréable, elle attire beaucoup de personnes que n'aurait pas sans cela décidées le salaire courant. Ainsi les officiers de l'armée et de la marine ne sont pas en moyenne fortement payés ; mais il n'y a aucune difficulté à les trouver parce que leur besogne est regardée comme facile et que de plus il s'y attache de l'honneur et de l'influence. D'un autre côté, un bon boucher gagne de forts salaires parce que sa besogne est répugnante, qu'elle passe pour cruelle et qu'un homme habile doit y être attiré par un gain élevé.

2° *La facilité d'apprendre une occupation et les frais que demande cette étude.* Cette circonstance a toujours beaucoup d'importance parce que la grande majorité du peuple est pauvre et ne peut par conséquent donner à ses enfants une longue éducation ; le plus grand nombre de jeunes gens n'est ainsi propre qu'aux emplois manuels grossiers, et n'obtient que de faibles salaires. Pour apprendre une profession, telle que celle d'architecte ou d'ingénieur, il faut après des études coûteuses, passer plusieurs années dans un bon bureau, et beaucoup d'autres à pratiquer et à attendre les premiers profits. Pour cette raison le peu qui réussissent tians les professions difficiles gagnent de très fortes sommes.

3° *La permanence de l'emploi.* Quand un homme est certain d'être employé et payé régulièrement toute l'année, il est d'ordinaire disposé par cela même à se contenter d'un plus faible salaire. Il est facile de trouver des policemen à 25 shillings par semaine bien qu'ils doivent souvent travailler la nuit et à des besognes fort désagréables : c'est qu'ils sont presque sûrs de conserver leur emploi tant qu'ils se conduisent bien. Un charpentier, ou un maçon, au contraire, sont souvent congédiés et fort en peine de soutenir leur famille. Les maçons et les briquetiers, qui ne peuvent travailler pendant les gelées, doivent naturellement avoir un salaire plus élevé pendant le reste de l'année, de façon à faire une bonne moyenne. Les ouvriers des docks, qui sont simplement des hommes robustes, sans aucune habileté particulière gagnent de très forts salaires quand le commerce est actif et que beaucoup de vaisseaux entrent dans les docks, mais quand le commerce est faible ou que les vents contraires tiennent les navires hors du port, ils tombent souvent dans la misère faute d'occupation.

4° *La confiance qu'on doit avoir en ceux qui exercent l'emploi.* Cette circonstance affecte considérablement l'offre des personnes qui conviennent à certaines occupations. Un homme ne peut s'attendre à trouver de l'emploi dans une banque ou chez un bijoutier s'il n'a pas une bonne réputation. Rien n'est plus difficile à une personne déshonnête que de trouver une place convenable. Une bonne réputation vaut donc souvent beaucoup d'argent. L'honnêteté est si commune qu'elle ne commande pas seule un salaire élevé, mais elle est indispensable. L'homme le plus habile ne deviendra jamais le directeur d'une affaire importante, s'il y a quelque raison de suspecter sa probité.

5° *L'incertitude du succès dans un emploi affecte grandement le salaire de ceux qui réussissent.* Dans certains cas un homme peut à peine s'empêcher de réussir : s'il s'engage, il devient soldat qu'il le veuille ou non. Presque tous ceux qui se font commis dans des banques ou des bureaux publics réussissent à faire quelqu'une des besognes exigées dans ces bureaux. Aussi les commis sont-ils rarement bien payés. Mais pour ceux qui se font avocats, il en est peu qui possèdent les connaissances particulières, le tact et l'habileté nécessaires pour leur assurer le succès ; ceux-là font de très gros gains et ceux qui échouent doivent chercher d'autres emplois.

Certaines occupations sont très mal payées, parce qu'elles peuvent être exercées par ceux qui n'ont pas réussi dans les autres. Il arrive souvent qu'une personne, après avoir appris un métier ou une profession, trouve qu'elle y est impropre ; d'autres fois, une diminution dans la demande d'un produit oblige ceux qui le fabriquent à chercher une autre besogne. Ces personnes sont d'ordinaire trop âgées et trop pauvres pour reprendre une nouvelle carrière par le commencement, pour apprendre un nouveau métier difficile. Elles doivent accepter la première besogne qui se présente. Les hommes bien élevés qui n'ont pas réussi se font secrétaires, agents d'affaires ou d'assurance, petits marchands de vins et le reste. Les autres conduisent des fiacres, s'engagent ou cassent des pierres ; les femmes pauvres se font couturières ou travaillent à la journée. Ceci nous montre une fois de plus la nécessité de laisser à chacun l'entière liberté d'entrer dans tout métier qu'il peut exercer : c'est une chose non seulement préjudiciable au public, mais souverainement injuste pour les gens dans le malheur, que de leur fermer un emploi à l'aide de restrictions artificielles apportées par ceux qui exercent déjà cet emploi.

46. Qu'est-ce qu'une bonne journée ?

On entend répéter à chaque instant qu'un homme, en échange de son travail, doit gagner une bonne journée. Rien ne semble, à première vue, plus raisonnable et plus juste, mais si vous cherchez le sens vrai de cette expression, vous trouvez bientôt qu'elle n'en a pas. Elle équivaut simplement à dire qu'un homme doit avoir ce qu'il doit avoir. Il n'existe nul moyen de décider ce que c'est qu'une bonne journée. Certains ouvriers ne reçoivent qu'un shilling par jour, d'autres deux, trois, quatre ou cinq shillings ; quelques-uns enfin reçoivent jusqu'à dix et même vingt shillings par jour ; lequel de ces salaires représente une bonne journée ? Si l'expression veut dire que tous doivent recevoir la même bonne journée, il faut commencer d'abord par égaliser les caractères et les facultés différentes de tous les hommes. Nous avons vu que les salaires varient suivant les lois de l'offre et de la demande, et aussi longtemps que les ouvriers différeront d'habileté et de force, aussi longtemps que leurs produits eux-mêmes seront différents, il se produira des variations dans la demande de ces produit. Par conséquent, il n'y a pas plus de « bonne journée » que de « bon prix » du coton ou du fer. Tout cela est affaire de marché. Celui qui possède des grains, du coton, du fer, ou toute autre marchandise, a le droit de la vendre au plus haut prix qu'il peut, pourvu qu'il n'empêche pas les autres de faire de même. Ainsi donc, tout ouvrier a parfaitement le droit de vendre son travail pour le plus haut salaire qu'il peut obtenir, pourvu qu'il ne s'oppose en rien au droit qu'ont les autres ouvriers d'en faire autant.

Chapitre VIII : Trades-unions (associations ouvrières).

47. But des Trades-Unions

Les ouvriers pensent généralement que le meilleur moyen d'élever leurs salaires est de s'associer, pour obliger leurs patrons à les augmenter. Une trade-union est une société d'ouvriers appartenant à quelque métier, qui promettent d'obéir aux instructions d'un conseil élu et paient des cotisations pour couvrir les frais. Les trade-unions diffèrent beaucoup entre elles ; elles ne sont ni toutes mal ni toutes bien dirigées, ressemblant en cela aux individus qui ne se conduisent ni tous bien ni tous mal. En outre, la même trade-union s'occupe souvent d'affaires fort différentes. D'ordinaire, elles agissent comme sociétés de secours mutuels, c'est-à-dire que si un membre par exemple paie une cotisation d'un shilling par semaine, en y ajoutant un droit d'entrée et quelques autres petits paiements, il a le droit, après peu de temps de recevoir douze shillings par semaine en cas de maladie ; il rentre dans la valeur de ses outils s'ils viennent à être brûlés ou perdus ; s'il se trouve sans ouvrage, il recevra, par exemple, dix shillings par semaine pendant un certain temps ; s'il a le malheur d'être estropié par accident, il touchera une bonne somme comme indemnité ; quand il meurt, il est enterré aux trais de l'union. Tous ces arrangements sont excellents, car ils assurent l'homme contre des événements qu'il ne peut le plus souvent prévenir, et ils empêchent les ouvriers de tomber dans la misère. Aussi longtemps que les trades-unions s'en tiennent là, il est impossible de ne pas les approuver très chaleureusement.

Les trades-unions peuvent encore prendre soin de leurs membres en insistant auprès des patrons pour qu'ils rendent leurs fabriques salubres. Si un ouvrier isolé allait se plaindre que les ateliers sont trop chauds, qu'une machine est dangereuse, que la mine n'est pas convenablement ventilée, il y a gros à parier qu'on ne l'écouterait pas ou qu'on lui répondrait de se mêler de ses affaires. Mais si tous les ouvriers se plaignent à la fois et manifestent l'intention de ne plus se rendre au travail tant que les choses n'iront pas mieux, le patron réfléchira sérieusement à l'affaire et fera tout ce qui est raisonnable pour éviter les embarras et les différends. Chacun est excusable de prendre soin de sa vie et de sa santé, et d'arranger les choses du mieux qu'Il peut. Nous ne pouvons donc reprocher aux ouvriers de discuter ces objets entre eux et de s'entendre sur les améliorations qu'ils croient juste de réclamer. Il est tout à fait bon qu'ils en agissent ainsi.

Mais personne n'est parfaitement sage, et ceux qui n'ont guère le temps d'acquérir des connaissances, d'apprendre la science et l'économie politique, ne prévoient pas, souvent l'effet de ce qu'ils demandent. Ils peuvent réclamer quelque chose d'impossible ou qui coûterait tant que le travail en serait arrêté. Dans toutes ces matières, par conséquent, les ouvriers doivent procéder avec prudence, écouter les raisons du patron, et consulter surtout l'opinion publique, parce que c'est l'opinion de beaucoup de gens qui n'ont rien à perdre ou à gagner dans l'affaire.

48. Le règlement des heures.

Un des principaux sujets de dispute est habituellement le nombre d'heures qu'un ouvrier doit travailler par jour. Dans certains métiers, l'homme est payé à l'heure ou d'après l'ouvrage fait, de façon que chacun peut travailler plus ou moins longtemps, à sa guise. Dans ce cas, chacun est le meilleur juge de ce qui lui convient et aucune trade-union n'a à intervenir. Mais dans les manufactures, en général, il ne conviendrait pas de laisser les ouvriers aller et venir comme il leur plairait ; ils doivent travailler pendant que les métiers et les machines sont en mouvement et que leurs compagnons ont besoin d'eux, Par conséquent, quelqu'un doit décider si la fabrique travaillera huit, neuf, dix ou douze heures par jour. Le patron préfère généralement de longues heures, parce qu'il retire alors plus de travail et de profit de ses machines et de ses constructions, et qu'il ne doit pas d'ordinaire être tout le temps sur les lieux. Il semble donc raisonnable que les ouvriers aient leur opinion sur ce point, et qu'ils aient voix au conseil pour fixer la durée de leur travail.

Mais ils se trompent souvent et s'imaginent pouvoir obtenir un salaire aussi tort pour neuf heures que pour dix. Le patron, pensent-ils, peut augmenter le prix de ses marchandises, ou bien prélever la différence sur ses gros bénéfices. Mais, s'il faut en croire l'économie politique, le salaire des ouvriers est en réalité la valeur des marchandises produites, après qu'on en a déduit nécessairement la rente de la terre et l'intérêt du capital. Si donc les fabriques produisent moins en neuf heures qu'en dix, comme c'est ordinairement le cas, il ne pourra y avoir, à la longue, autant de salaire à recevoir.

D'un autre côté, à mesure que les machines se perfectionnent, le travail devient plus productif et il est fort juste que ceux qui sont suffisamment bien payés préfèrent, dans des limites raisonnables, diminuer leurs heures de travail que d'accroître leurs gains. Ce point comporte beaucoup de considérations et ne peut être traité à fond dans cet abrégé. Ce que je puis conclure, c'est que, quand les ouvriers veulent diminuer leurs heures de travail, ils ne doivent pas demander le même salaire qu'avant pour leur journée. Diminuer les heures est une chose; c'en est une autre d'augmenter le prix de l'heure, et bien que ces deux choses puissent légitimement se demander dans certaines circonstances, elles ne doivent pas être confondues.

49. L'augmentation des salaires.

Le principal objet des trades-unions, cependant, est d'élever le taux des salaires. Les ouvriers semblent croire que, s'ils n'y prenaient garde, leurs patrons enlèveraient la plus grande partie du produit et ne leur payeraient plus que des salaires fort bas. Ils pensent que les capitalistes ont le champ libre s'ils ne sont constamment surveillés et tenus en échec par des menaces de grève. Les patrons sont regardés comme des tyrans qui font tout ce qu'ils veulent. C'est une grande erreur. Aucun capitaliste ne pourrait prolonger au delà d'un an ou deux des profits anormaux, parce que ses confrères, dès qu'ils en seront informés, s'efforceront de l'imiter. Il en résultera une augmentation dans la demande d'ouvriers de cette espèce ; les capitalistes se les disputeront et ne pourront la plupart du temps s'en procurer assez sans élever le prix des journées.

Il n'y a absolument aucune raison de penser que les trades-unions aient eu quelqu'effet permanent dans l'élévation des salaires de la plupart des métiers. Sans doute ces salaires sont beaucoup plus hauts qu'ils ne l'étaient il y a trente ou quarante ans, mais jusqu'à un certain point c'est simplement une augmentation du salaire en argent, due à la grande quantité d'or découverte en Californie et en Australie. Le reste de l'augmentation peut facilement s'attribuer aux grands perfectionnements de la mécanique et à la prospérité générale du pays. Il est certain, d'ailleurs, que cet effet n'est pas limité aux métiers qui possèdent des unions ; les manœuvres eux-mêmes, qui n'ont pas d'unions, reçoivent bien plus qu'autrefois, et les domestiques qui ne font jamais de grève générale, mais quittent simplement une place quand ils en trouvent une meilleure, ont élevé leurs gages tout autant qu'aurait pu le faire une union.

50. Grèves et lockouts

Des ouvriers se mettent en grève quand ils s'entendent pour refuser tout travail à leurs patrons à un jour fixé, dans le but d'obliger ces patrons à leur payer de plus forts salaires ou de céder en quelque manière à leurs demandes. Quand un ou plusieurs patrons renvoient subitement tous leurs ouvriers pour les obliger à accepter un salaire moindre ou quelque modification du travail, ils font ce qu'on appelle un lockout. Les grèves durent quelquefois plusieurs mois; les ouvriers vivent alors de leurs épargnes ou des secours que leur fournissent les autres ouvriers ou les unions du même ou des autres métiers. Pendant ce temps, l'arrêt des fabriques fait perdre beaucoup d'argent aux patrons, qui sont quelquefois aussi aidés par d'autres patrons.

La loi ni la morale ne s'opposent en rien à une grève ou à un lockout bien conduit. Un homme libre de toute promesse ou de tout engagement, a le droit de travailler ou de ne pas travailler, comme il l'entend, c'est-à-dire que la loi regarde comme profitable au pays en général que l'on soit libre d'en agir ainsi. De même, les patrons sont libres de faire travailler leurs métiers ou non, à leur guise; mais ni les uns ni les autres patrons et ouvriers, ne doivent briser leurs engagements. Ceux qui ont promis de travailler jusqu'à la fin de la semaine doivent le faire et ne deviennent libres qu'après avoir rempli leur promesse. De plus, il ne devrait être permis à aucun ouvrier de cesser son travail de manière à mettre d'autres personnes en danger.

En Amérique, les machinistes et les gardes se mettent parfois en grève lorsqu'un train est à moitié de son parcours, et ils laissent les voyageurs gagner comme ils peuvent la ville la plus proche. Cela vaut presque un assassinat. Les propriétaires ou les ouvriers des gazomètres, des distributions d'eau ou de tout autre établissement dont le public dépend pour les nécessités de la vie, ne devraient pouvoir arrêter le travail subitement, sans avertissement. La sûreté du public doit être la considération première, et la loi devrait punir ceux qui .font de pareils grèves.

51. Effet général des grèves.

L'espace manque dans ce petit ouvrage pour traiter la matière en détail, mais je n'ai pas le moindre doute que les grèves, en somme, n'amènent une perte sèche de salaires pour ceux qui les font et pour beaucoup d'autres. Je crois que s'il n'y avait pas eu une seule grève pendant les trente dernières années, les salaires seraient en général plus élevés aujourd'hui qu'ils ne le sont et qu'on eût évité des pertes et des privations immenses.

Le docteur John Watts, de Manchester, a montré dans son « Catéchisme du salaire et du capital », que même une grève qui réussit occasionne d'ordinaire des pertes : « par suite des chômages accidentels, dit-il, il n'y a pas dans les industries les plus régulières plus de cinquante semaines de travail par an, et chaque semaine représente par conséquent deux pour cent de l'année. Si une grève pour réclamer quatre pour cent d'augmentation sur les salaires réussit au bout de quinze jours, il faudra douze mois de travail au taux nouveau pour regagner la quinzaine perdue ; si une grève pour demander huit pour cent d'augmentation dure quatre semaines, les ouvriers n'en seront pas plus riches au bout de l'année. Il arrive donc souvent qu'une nouvelle révision des salaires a lieu avant que les dernières pertes soient comblées. Une grève qui réussit ressemble donc à un bon procès, qui est tout simplement moins ruineux qu'un mauvais. »

Si nous nous rappelons qu'une grande partie des grèves sont infructueuses auquel cas c'est une perte sèche pour toutes les parties en cause ; qu'en cas de succès, l'augmentation de salaires eût probablement été obtenue graduellement sans chômage ; que le dommage ne se traduit pas seulement par une perte de salaires, mais aussi par un tort causé aux affaires et au capital du patron, tort qui finit toujours par retomber sur les ouvriers, il nous sera impossible de douter que le résultat net des grèves ne soit une perte pure et simple. La conclusion à laquelle j'arrive est, qu'en règle générale, la grève est un acte de folie.

52. L'intimidation dans les grèves.

Ceux qui font grève n'ont aucun droit d'empêcher d'autres ouvriers de venir prendre leur place. Si des gens sans emploi sont disposés à faire la besogne au salaire réduit, il est profitable à tout le monde, excepté .aux grévistes, qu'ils soient occupés. C'est une question d'offre et de demande. Le patron, généralement parlant, a le droit de faire faire son ouvrage au plus bas prix possible, et s'il se présente une partie de travailleurs qui acceptent un salaire réduit, il aurait tort de ne pas les accepter.

Malheureusement, il arrive souvent que les grévistes essaient de dissuader les autres ouvriers de venir prendre leurs places ; souvent même ils ont recours aux menaces. Cela équivaut à réclamer comme un droit l'industrie d'une localité, qu'aucune loi, qu'aucun principe ne leur attribue. Une grève n'est légitime et légale qu'aussi longtemps qu'elle est entièrement volontaire chez tous ceux qui y prennent part. Quand un gréviste commence à menacer les autres ouvriers ou à les empêcher de quelque façon de travailler comme ils l'entendent, il commet un crime en entravant leur liberté propre et porte en même temps préjudice au public. Les hommes sont libres de refuser de travailler, mais il est absolument nécessaire de maintenir le droit des autres de travailler s'il leur plaît. Les mêmes considérations s'appliquent naturellement aux lockouts ; le patron qui renvoie ses ouvriers n'a aucun droit d'intimider les autres patrons, ni de les obliger en aucune façon à suivre son exemple. Sans doute, un accord volontaire a lieu entre les patrons, et les lockouts se préparent de concert comme les grèves importantes. Si certains patrons allaient au delà, et menaçaient de faire du tort à ceux qui ne voudraient pas fermer leurs ateliers, ils seraient sévèrement punis. Ce cas se présente rarement. Ainsi les grèves et les lockouts ne sont légitimes que si elles restent à l'état d'épreuves, pour voir si le travail se présentera avec un certain taux des salaires ou sous certaines conditions.

Si les ouvriers d'un métier sont persuadés que leur salaire est trop bas, une grève leur montrera si c'est le cas ou non ; si leurs patrons se voient incapables de se procurer de bons ouvriers au même prix, ils devront offrir davantage, mais s'ils peuvent obtenir aussi bon à l'ancien taux, ce sera une preuve que les grévistes s'étaient trompés : leurs salaires correspondaient à l'état du marché. Tout cela n'est qu'une affaire d'offre et de demande. Ceux qui cessent le travail sont dans la position de ceux qui, possédant un stock de marchandises, refusent de le vendre, espérant en tirer un meilleur prix. S'ils se trompent, ils doivent en porter la peine, et ceux qui ont pris le parti de vendre au bon moment, en auront le bénéfice. Il est clair qu'on ne permettrait jamais à un détenteur de marchandises d'intimider et d'empêcher les autres détenteurs de vendre au public. On pourrait même se demander si toute coalition volontaire des vendeurs ne devrait pas être interdite, car elles ne sont guère que des complots pour voler le public. L'avantage des consommateurs, c'est-à-dire du peuple tout entier, est ce que nous devons toujours considérer, et on ne peut mieux l'assurer qu'en laissant les hommes agir librement et lutter à qui vendra les choses au plus bas prix.

53. Monopoles des trades-unions

On ne peut nier que, dans certains métiers, les ouvriers ne

puissent réussir, par l'union, à conserver leurs salaires au-dessus du niveau naturel. Les salaires, comme les prix des marchandises, sont gouvernés par les lois de l'offre et de la demande. Par conséquent, si le nombre de chapeliers peut être restreint, il diminue le nombre de chapeaux qu'on peut fabriquer, élève leur prix et permet à ces chapeliers d'exiger de plus hauts salaires qu'ils ne l'auraient pu autrement. Beaucoup d'unions essaient de la sorte de limiter la production en refusant de dépasser un nombre donné d'apprentis, et en refusant de travailler avec tout homme qui n'a pas été élevé dans le métier. Il est probable que quand celui-ci est de peu d'importance et l'union puissante, le calcul peut être couronné de succès. Le métier devient un monopole et obtient des salaires plus élevés en faisant payer plus cher au public les marchandises qu'il consomme. Ils lèvent un impôt sur le reste de la nation, y compris tous les ouvriers des autres métiers. C'est une manière d'agir tout à fait égoïste et pernicieuse, et les lois doivent par tous les moyens raisonnables décourager ce genre de monopoles, qui, à la longue, deviennent extrêmement nuisibles aux classes ouvrières, parce que tous les métiers essaient d'imiter ceux qui réussissent. En voyant que les chapeliers ont une forte union, les cordonniers, les tailleurs, les couturières essaient d'en créer de semblables et de restreindre le nombre de personnes employées. S'ils réussissaient, le .résultat serait absurde. Ils essaieraient tous de s'enrichir en s'appauvrissant mutuellement. Comme je l'ai montré dans le Traité de logique, c'est une erreur de logique qui provient de la confusion entre un terme général et un terme collectif.

Parce qu'un métier considéré séparément peut s'enrichir en grevant les autres métiers, il ne s'ensuit pas que tous les métiers pris ensemble et faisant la même chose, puissent s'enrichir.

Sans doute, les ouvriers pensent que, quand leurs salaires s'élèvent, l'augmentation sort de la poche de leurs patrons, mais c'est le plus souvent une erreur complète : les patrons ne pourraient continuer leurs affaires sans élever le prix de leurs marchandises et, ils reprennent ainsi aux acheteurs l'excédent de salaires qu'ils ont à payer. Ils doivent même retrouver un peu plus pour compenser le risque d'avoir affaire à des ouvriers qui font grève par moments et interrompent ainsi les affaires. Ce sont les consommateurs qui, en fin de compte, paient l'augmentation, et quoique les riches en

Chapitre VIII : Trades-unions (associations ouvrières).

prennent leur part, ce sont surtout les ouvriers qui contribuent aux salaires plus élevés de quelques-uns des leurs.

Le résultat général des monopoles des trades-unions est tout à fait désastreux pour les ouvriers eux-mêmes. Un sur cent, un sur mille y gagne, le reste éprouve un tort considérable. Les restrictions apportées au travail empêchent les ouvriers de faire la besogne qui leur plait et leur convient le mieux. Les heureux s'engraissent aux dépens de ceux qu'ils mettent sans ouvrage, et les grèves et les interruptions de travail provoquées pour le maintien des monopoles, diminuent le produit distribué en salaires.

54. Trades-Unions professionnelles.

Nous entendons souvent soutenir les actes des trades-unions pour ce motif que les avocats, les docteurs et les autres corps professionnels ont leurs sociétés, - collèges d'avocats ou autres - qui ne sont en somme que des trades-unions. C'est ce qu'on peut appeler un argument *tu quoque* ; « Nous formons des unions parce que vous en formez. C'est en tout cas un fort pauvre raisonnement ; l'homme qui agit déraisonnablement n'en est pas plus excusable parce qu'un autre fait comme lui. Je concède volontiers que beaucoup des règles des avocats et des avoués ne valent pas mieux que celles des trades-unions. Qu'un avocat doive débuter par assister à certains dîners ; qu'il ne puisse jamais recevoir d'honoraires en dessous d'un certain chiffre ; qu'il ne puisse se mettre en relation avec un client que par le ministère d'un avoué ; qu'un avocat d'âge doive toujours avoir un jeune stagiaire chez lui ; la plupart enfin des règles de la soi disant étiquette, ont clairement pour but d'élever les profits de la profession.

Beaucoup de choses de ce genre demandent une réforme, mais d'un autre côté, ces associations évitent beaucoup des fautes des trades-unions. Le nombre des personnes qui peuvent y entrer n'est pas limité, tous les hommes de bonne réputation et d'une science suffisante, peuvent devenir avocats et avoués. En outre, l'entrée des professions légales, médicales et de plusieurs autres, est de plus en plus réglée par des examens qui n'ont pour but que de mettre des hommes capables au service du public. Enfin, on n'essaie d'aucune façon dans ces trades-unions professionnelles, d'empêcher les membres de s'exercer autant qu'ils peuvent, et de servir le public au mieux de leurs aptitudes. Elles évitent de la sorte quelques-uns des défauts inhérents aux autres unions.

55. Préjugés sur le travail.

Une des erreurs les plus communes et les plus pernicieuses dans lesquelles tombe le peuple en économie politique, est de s'imaginer qu'on peut augmenter les salaires en faisant le travail lentement, de façon qu'il exige plus de mains. Les ouvriers croient que plus une besogne demande d'hommes, plus de salaires les patrons auront à payer, plus d'argent par conséquent passera des capitalistes aux travailleurs. Il leur semble donc que toute machine, toute invention, toute innovation qui accélère le travail, tend à diminuer leurs gains.

Dans cette idée, les manœuvres de maçons refusent, ou du moins ils ont refusé récemment, d'élever les briques à la partie supérieure d'une bâtisse, à l'aide d'une corde et d'un treuil ; ils préfèrent la méthode ancienne, fatigante et dangereuse de porter les briques sur les épaules le long des échelles, parce que le travail exige ainsi plus de bras. Pour la même raison, les briquetiers refusent d'employer aucune machine, les maçons ne veulent mettre en œuvre aucune pierre dressée à la machine, et quelques compositeurs évitent les ateliers où l'on a introduit des machines à composer. Ils craignent tous que si l'ouvrage se fait trop facilement et trop rapidement, on n'ait plus besoin d'eux pour le faire, qu'il n'y ait plus assez de places pour tout le monde, et que les salaires ne s'en ressentent. Presque toujours c'est une erreur absurde et funeste.

Si les ouvriers s'attachent à une mauvaise méthode de travail après qu'on en a inventé une meilleure, ils n'obtiendront plus que de faibles salaires et finiront peut-être leur vie à l'hôpital. Ainsi les tisserands de Spitalfields veulent continuer à tisser à la main, au lieu d'apprendre à tisser à la vapeur ; c'est aussi à peu près le cas des cloutiers à la main du South Staffordshire. Cependant, quand les jeunes ouvriers d'un métier sont assez sages et assez prévoyants pour adopter une invention nouvelle aussitôt qu'elle réussit,

Chapitre VIII : Trades-unions (associations ouvrières).

loin d'en souffrir, ils en tireront d'ordinaire un grand bénéfice. Les couturières anglaises ne recevaient qu'un misérable salaire avant l'introduction de la machine à coudre américaine, et elles s'attendaient à mourir de faim quand le même ouvrage se ferait vingt fois aussi vite à la machine qu'à la main. L'effet, cependant, a été tout opposé. Celles qui n'étaient pas assez jeunes, assez habiles ou assez sages pour apprendre à coudre à la machine, reçoivent plus qu'auparavant pour le travail à la main. Les couturières à la machine elles-mêmes, gagnent plus qu'autrefois, souvent jusqu'à vingt shillings par semaine. A quoi attribuer ce fait ? A ce que le public, dès qu'une marchandise diminue, en demande davantage. Du moment où la couture peut se faire si facilement, on fabrique plus de vêtements ; le prix de ceux-ci diminue et leur vente augmente.

Si les tailleurs de pierre voulaient employer les machines, ils en profiteraient, comme les couturières, au lieu d'y perdre. Le prix du taillage à la main est aujourd'hui si élevé que les riches seuls peuvent se bâtir des maisons de pierre ou employer les pierres à décorer des maisons de briques. Si on pouvait abaisser le prix du taillage à l'aide des machines, il faudrait de suite beaucoup plus de pierres, et les maçons, au lieu de passer leur temps à la lourde besogne d'aplanir les surfaces, pourraient facilement s'employer à finir, à sculpter et à assortir les pièces découpées mécaniquement. Je ne doute nullement qu'en plus de ceux qui conduiraient les machines, il n'y aurait après l'introduction de celles-ci plus de maçons qu'auparavant. Il en sera de même pour les compositeurs d'imprimerie, s'ils adoptent à temps les nouvelles machines à composer. Il est vrai qu'un homme peut, avec une bonne machine, composer plusieurs fois aussi vite que sans son aide, mais bien que le prix payé pour une certaine composition puisse être ainsi diminué, il s'imprimerait tant de livres, de brochures, de journaux et de documents divers, que la besogne ne manquerait jamais. Une partie du travail d'ailleurs, telle que le parangonnage, la correction, la mise en pages, etc., ne peut se faire mécaniquement, du moins d'une manière profitable, de sorte qu'il resterait toujours assez d'ouvrage pour ceux qui ne voudraient pas travailler à la machine.

On ne peut augmenter les salaires qu'en augmentant le produit du travail et nullement en diminuant ce produit. Le salaire de toute la population ouvrière est fait du produit total, après qu'on en a retranché la rente, l'intérêt et les impôts. Les ouvriers de Lancashire gagnent de hauts salaires parce qu'ils emploient des métiers à filer, qui peuvent accomplir une quantité immense de travail relativement au nombre de bras employés. S'ils refusaient de se servir de machines, ils devraient filer le coton à la main comme les pauvres habitants du Cachemire. S'il n'y avait pas une seule machine en Angleterre, nous serions presque tous aussi pauvres que l'étaient tout récemment encore les travailleurs agricoles de Wiltshire.

Le peuple perd souvent de vue que nous ne travaillons pas pour le plaisir de travailler, mais pour ce que nous produisons. Le travail lui-même est le prix désagréable du salaire gagné, et ce salaire consiste en grande partie en la valeur des marchandises produites. Il est absurde de supposer que le peuple peut devenir plus riche en ayant moins de richesses. Pour nous enrichir, nous devons produire plus de richesses, et le but de tout ouvrier ne doit pas être de travailler, mais de fabriquer les marchandises aussi rapidement et aussi abondamment que possible.

56. Travail à la tâche.

Certaines trades-unions essaient d'empêcher leurs membres de travailler à la tâche, c'est-à-dire d'être payes pour la quantité de travail exécuté, au lieu de l'être pour le temps passé à l'exécuter. Si un homme reçoit un franc l'heure, qu'il travaille vite ou lentement, il est évidemment de son intérêt de travailler lentement, pourvu qu'il ne soit pas assez paresseux pour risquer d'être renvoyé. C'est un fait bien connu que les hommes employés à la tâche font beaucoup plus d'ouvrage dans le même temps que ceux qui sont employés à l'heure et il est tout à fait préférable de les payer aux pièces quand l'ouvrage peut être exactement mesuré. Les hommes gagnent de meilleurs salaires parce qu'ils sont poussés à faire davantage, et en règle générale ils les gagnent plus honnêtement. Les trades-unions, cependant, s'opposent parfois au travail à la tâche pour cette raison qu'il fait trop travailler l'ouvrier nuit ainsi à sa santé. Cette raison est absurde, car on doit supposer que les hommes sont généralement capables de prendre soin de leur santé. Il y a beaucoup de métiers et de professions où les gens sont pratiquement payés aux pièces et on ne trouve pas nécessaire qu'il y ait des trades-unions pour les empêcher de se tuer. Si une chose est à craindre, c'est plutôt qu'ils ne travaillent pas assez.

Le vrai motif de la répugnance que les trades-unions éprouvent pour le travail aux pièces, c'est qu'avec lui l'ouvrage se fait vite et que d'après eux il prive de besogne d'autres ouvriers. Comme je l'ai déjà expliqué, les hommes ne travaillent pas pour travailler, mais pour produire, et en général, plus les hommes produiront, plus les salaires seront élevés.

Les membres des trades-unions avancent leurs plans sous le couvert du désintéressement. Il serait égoïste, disent-ils, de la part de Jean, de travailler de façon à priver d'ouvrage Pierre et Paul, mais ils oublient les milliers de Jean, de Pierre et de Paul qui ne gagnent que de faibles salaires et que leurs règles peut-être empêchent d'en gagner de plus élevés. Si la nation, prise en général, est faite pour être riche et prospère, nous devons, chacun de notre côté, travailler de toutes nos forces à créer la richesse que nous pouvons le mieux produire, et ne pas envier aux autres un succès plus grand que le nôtre, si la Providence les a doués de facultés supérieures. Il est rare que les individus puissent produire de la richesse pour eux-mêmes, sans répandre un bénéfice plus grand sur la société en général, par l'abaissement du prix des commodités et l'allégement du travail.

57. Préjugés sur l'égalité.

Les ouvriers montrent souvent de la répugnance à permettre à un homme d'apprendre plus qu'un autre dans le même atelier, et sur le même travail. Ce sentiment est dû en partie à l'idée fausse qu'en faisant plus de travail que les autres, il leur enlève de la besogne, mais il provient aussi en partie du déplaisir qu'ils éprouvent à voir l'un d'entre eux s'élever au-dessus de ses compagnons. Ce sentiment n'est pas spécial aux ouvriers.

Quiconque réfléchit à l'état de la société doit regretter que quelques-uns soient si riches et le reste si pauvre. Peut-être les lois qui laissent subsister ces différences sembleront-elles mauvaises. Il faut donc absolument se rappeler que ces différences de richesse ne sont pas, pour la plus grande part, produites par les lois. Tous les hommes, a-t-on dit, sont nés libres et égaux. Il est difficile de voir comment ils sont nés libres quand de longues années après leur naissance, ils ont encore besoin de l'aide et du secours de leurs parents et qu'ils sont entièrement sous leur dépendance. Sans doute ils s'affranchissent avec l'âge, mais ils sont rarement égaux. Un jeune homme est robuste, bien portant, énergique, un autre faible et chétif; l'un est vif et intelligent, l'autre lent et borné. Les lois n'ont rien à voir dans ces différences du corps et de l'esprit. Un acte du Parlement ne peut fortifier une faible charpente. Il en résulte qu'en avançant dans la vie, certains hommes sont à même de gagner plus que d'autres. Sur mille individus, hommes ou femmes, quelques-uns se distingueront par des talents remarquables et un génie inventif. A l'aide d'un travail patient et d'une grande sagacité, un homme invente la machine à coudre, le télégraphe, le téléphone, et les avantages qu'il confère de la sorte aux autres hommes dureront pendant des siècles.

Il est évidemment de l'avantage de chacun que ceux qui sont capables d'être utiles à la société soient encouragés par toutes les récompenses possibles, par des brevets, des droits d'auteurs et par les lois de la propriété en général. Décourager un homme intelligent, le détourner du travail qu'il peut exécuter, n'est certainement un bénéfice pour personne. Cela ne sert qu'à tout rabaisser à un niveau inférieur, à retarder le progrès. Tout homme au contraire, poussé au travail, à l'étude, à l'invention, augmente non seulement son bien-être, mais aussi celui des autres. Il montre comment on peut créer la richesse en abondance, comment on peut alléger le travail. Ce qui est vrai des grandes aptitudes, des grandes inventions, l'est aussi des moindres facultés, des plus petites innovations. Si un manœuvre de maçon peut porter plus de briques qu'un autre, pourquoi l'en empêcherait-on ? Cet avantage est sa propriété, et il est du bénéfice de tous qu'il lui soit permis d'en user, S'il découvre une meilleure manière de porter les briques, elle doit être adoptée de préférence aux anciennes. On ne doit avoir en vue en portant des briques, que le bénéfice de ceux qui ont besoin de maisons. Tout ce qui rend la construction plus difficile

Chapitre VIII : Trades-unions (associations ouvrières).

et plus coûteuse est cause que les gens sont plus mal logés qu'ils ne l'auraient été autrement. Nous ne pouvons avoir des choses bien faites et à bon marché que si chaque homme fait de son mieux et y est poussé par l'appât d'une récompense.

On doit donc non seulement permettre à chacun de faire et de gagner tout ce qu'il peut, on doit l'y encourager. Nous devons de la sorte supporter les plus grandes inégalités de fortune, car un homme qui a une fois commencé à devenir riche acquiert le capital, l'expérience, les moyens enfin de gagner de plus en plus. D'ailleurs, il est tout à fait faux de supposer qu'en règle générale il s'enrichisse aux dépens des autres. Au contraire, en accumulant du capital, en construisant des moulins, des entrepôts, des chemins de fer, des docks, en organisant habilement des métiers, il permet souvent à des milliers de personnes de produire de la richesse et de gagner des salaires regardés auparavant comme impossibles. Les profits d'un capitaliste ne sont souvent qu'une faible fraction de ce qu'il paie en salaires, et il ne peut devenir riche sans aider beaucoup d'ouvriers à accroître la valeur de leur travail et à se procurer une existence confortable.

Chapitre IX : Coopération.

58. Arbitrage.

Nous venons de considérer en partie les maux qui proviennent du conflit actuel entre les intérêts des salariés et ceux des patrons. Nous avons maintenant à discuter les divers essais qui ont été faits pour remédier à ces maux et ramener l'harmonie entre le travail et le capital. En premier lieu, beaucoup de personnes pensent que dès qu'une dispute s'élève, il faut désigner des arbitres ou des juges pour entendre tout ce qui peut être dit des deux côtés de la question et décider alors quel sera le taux des salaires pendant un certain temps.

Sans doute on peut apporter beaucoup de raisons en faveur de cette manière d'agir, mais elle est néanmoins incompatible avec les principes de la liberté du travail et du commerce. Si les juges veulent être de véritables arbitres, ils doivent avoir le pouvoir d'imposer l'obéissance à leurs décisions, supprimant du même coup la liberté qu'a l'ouvrier de travailler ou non, à sa guise, et celle du capitaliste d'user comme il l'entend de son capital, et de vendre les marchandises à n'importe quel prix en rapport avec l'état du marché. Si les salaires peuvent être réglés arbitrairement de cette façon, il n'y a pas de raison pour ne pas faire de même avec le prix des grains, du fer, du coton et des autres marchandises, mais les législateurs ont reconnu depuis longtemps l'absurdité d'essayer de fixer les prix par des lois. Ces prix dépendent entièrement de l'offre et de la demande et personne n'est réellement capable de décider avec certitude ce que seront les conditions de l'offre et de la demande un mois ou deux plus tard. Les gouvernements seraient tout aussi sages de légiférer sur le temps que nous aurons l'été prochain, que sur l'état du commerce qui dépend beaucoup de ce temps ou des guerres et des accidents divers que personne ne peut prévoir. Il est donc impossible de fixer d'avance les prix et les salaires à l'aide d'une loi ou d'une décision obligatoire. C'est une affaire de marché, de vente et d'achat; le patron doit rester libre d'acheter le travail dont il a besoin au plus bas prix possible, et l'ouvrier de vendre le sien aussi cher qu'il peut, en se soumettant bien entendu à l'avertissement légal d'une semaine ou d'une quinzaine.

59. Conciliation.

Malgré les objections sérieuses qu'on puisse faire à la détermination obligatoire des salaires, on peut obtenir beaucoup de bien des conseils de conciliation, c'est-à-dire d'hommes choisis pour diriger une discussion à l'amiable sur les objets en litige. On s'arrange pour cela de diverses façons. Parfois trois ou un plus grand nombre de délégués des ouvriers se réunissent à un nombre égal de délégués des maîtres, qui donnent au Conseil les informations qu'ils jugent convenables et essayent alors d'en arriver à un accord. Dans d'autres cas les délégués exposent leurs vues respectives à un homme de jugement solide et impartial, qui s'efforce alors de suggérer des termes sur lesquels les deux parties adverses puissent s'entendre. Si celles-ci s'engagent au préalable à accepter la décision de ce conciliateur, l'arrangement diffère peu d'un arbitrage, si ce n'est qu'aucun pouvoir légal n'impose l'obéissance à la décision. Cette forme de conciliation est tombée dans le discrédit par le fait qu'à plusieurs reprises les ouvriers ont refusé de se soumettre à la décision de l'arbitre quand elle était prise contre eux, et que naturellement on ne peut s'attendre dans ces conditions à ce que les patrons regardent comme obligatoire une décision contraire. Je suis ainsi amené à penser que le conciliateur ne doit pas être un juge : il doit être simplement l'ami impartial des deux parties, essayant de dissiper la méfiance et les sentiments hostiles, éclairant chaque partie sur les vues, les raisons et les demandes de l'autre, se mettant en un mot entre les deux et faisant l'office de l'huile qui facilite le mouvement de la machine. L'arrangement final doit prendre la forme d'un marché volontaire direct entre les ouvriers et les patrons, marché qui n'aura d'effet forcé que pendant la semaine ou la quinzaine pour laquelle les ouvriers s'engagent d'habitude légalement. La conciliation, ainsi comprise, peut faire beaucoup de bien, mais elle ne peut faire disparaître les causes de conflit, elle ne peut faire sentir aux ouvriers que leur intérêt ne fait qu'un avec celui de leurs patrons.

60. Coopération.

Parmi les mesures proposées pour améliorer la position des ouvriers, la meilleure est la coopération, si l'on entend par ce mot la réunion du capital et du travail. La vérité est qu'on donne au mot de coopération des significations diverses dont quelques-unes n'ont rien à faire avec ce que nous allons considérer. Coopérer veut dire travailler ensemble (*cum*, avec, *operari*, travailler). Il y a environ trente ans, quelques ouvriers de Rochdale, remarquant les grands profits faits par les boutiquiers dans le commerce de détail, résolurent de se réunir pour acheter en gros leurs provisions, et les distribuer aux membres de la Société qu'ils établissaient. Ils appelèrent celle-ci Société coopérative, et un grand nombre de magasins du même genre ont été établis depuis. La plupart ne sont que des boutiques appartenant à une société d'acheteurs qui s'entendent pour s'approvisionner à ces magasins et partagent le profit. Ils ont, en somme, fait beaucoup de bien en amenant beaucoup d'ouvriers à épargner de l'argent, et à prendre de l'intérêt aux affaires. Les magasins sont aussi utiles parce qu'ils font concurrence aux boutiquiers, qu'ils obligent à abaisser leurs prix et à mieux traiter leurs clients.

Mais ce genre de sociétés coopératives n'a que fort peu à voir dans le sujet du capital et du travail. Le plus souvent, ces magasins sont conduits d'une façon moins conforme au principe de la coopération que les boutiques ordinaires. La plupart du temps une boutique est administrée par son propriétaire, ou par un homme qui a un grand intérêt à son succès et les meilleures raisons de se donner da la peine. Les magasins coopératifs, au contraire, sont souvent administrés par des personnes qui sont simplement payées en salaires ou en appointements et n'ont rien à voir dans les profits ou dans le capital de l'entreprise.

La coopération réelle consiste à donner à tous ceux qui travaillent une part dans les bénéfices. Actuellement l'ouvrier vend son travail le plus cher qu'il peut et n'a plus rien à voir dans les résultats. S'il fait bien sa besogne, son maître en retire le bénéfice, s'il la fait mal son maître éprouve un préjudice. Il est bien vrai qu'il doit prendre garde, par crainte de renvoi, à n'être pas trop paresseux ou négligent, mais s'il a soin d'être modérément soigneux et actif, c'est tout ce qu'il faut à ses intérêts. Sans doute ce serait une bonne chose de récompenser les ouvriers les plus actifs à l'aide de salaires plus élevés, et un maître intelligent essaye de le faire chaque fois qu'il le peut, en plaçant les meilleurs ouvriers aux meilleures places. Les trades-unions, d'un autre côté, s'y opposent autant qu'elles peuvent, insistant pour que tous ceux qui ont le même genre de travail, au même endroit, soient payés d'une manière uniforme. De plus, comme nous l'avons vu, beaucoup d'ouvriers nourrissent cette idée fausse qu'en travaillant fort ils diminuent la demande d'emploi et volent le pain de leurs compagnons. Il n'est donc pas rare de les voir s'étudier à ne pas faire l'ouvrage trop vite, au lieu de s'efforcer de fabriquer le plus de marchandises possible, dans le temps le plus court et avec le moins de peine. Les ouvriers ne voient pas que ce qu'ils produisent forme à la longue leur salaire, de sorte que s'ils pouvaient un jour rivaliser de soins et d'activité, les salaires augmenteraient dans tous les métiers.

Chapitre IX : Coopération.

61. Association industrielle.

La meilleure manière de réconcilier le travail et le capital serait de donner à chaque ouvrier une part dans les profits de la fabrique quand le commerce est assez prospère pour le permettre. Charles Babbage proposa, dès 1852, qu'une partie du salaire de chaque personne employée dépendît du profit des patrons. Dans ces dernières années, l'épreuve a été tentée dans plusieurs grands établissements, spécialement dans les houillères de MM. Briggs et les usines à fer de MM. Fox Head et C°. L'arrangement généralement conclu était que les capitalistes prélèveraient d'abord sur les bénéfices de quoi payer dix pour cent d'intérêt au capital, en y joignant des appointements convenables aux directeurs pour frais de surintendance, et une somme pour les mauvaises créances, les réparations et la dépréciation des machines, enfin pour toutes les causes ordinaires de perte. Le profit restant était alors divisé en deux parties égales, dont l'une revenait aux patrons et l'autre était divisée entre les ouvriers, proportionnellement aux salaires reçus pendant l'année. A l'aide de cette combinaison, beaucoup d'ouvriers se trouvaient, aux fêtes de Noël, en possession de cinq à dix livres, en supplément des salaires ordinaires du métier reçus hebdomadairement pendant l'année.

Ce genre de coopération s'appelle association industrielle ; largement appliquée, elle présenterait beaucoup d'avantages. Les ouvriers, comprenant que les primes de Noël dépendent du succès de leurs travaux, ne favoriseraient plus la paresse et seraient poussés à éviter toute perte de temps ou de matériaux. Ils apprendraient par degrés que la meilleure des trades-unions est l'union avec leurs patrons. Les grèves et les lock-outs ne seraient plus qu'une chose du passé, car si les salaires étaient trop bas, la balance de fin d'année viendrait en rendre compte et la moitié de l'excédent passerait aux ouvriers. Ce serait un très grand avantage pour les patrons d'être affranchis du danger des grèves et le profit qu'ils pourraient perdre en apparence serait compensé par un surcroît de soins et d'activité chez leurs hommes. Ils pourraient continuer à diriger entièrement l'affaire suivant leurs vues et il n'est pas nécessaire qu'ils fassent connaître leurs comptes aux ouvriers. Une seule chose est indispensable : faire vérifier chaque année les livres par d'habiles comptables, qui certifieraient la part des bénéfices à distribuer aux ouvriers. Si ce genre d'association se généralisait, les salariés finiraient par comprendre qu'ils travaillent autant pour eux que pour leurs maîtres, et tous les embarras présents disparaîtraient presque entièrement.

De grandes difficultés s'opposent à cette espèce de coopération : la plupart des capitalistes ne l'aiment guère parce qu'ils craignent, sans raison, de faire connaître leurs bénéfices aux ouvriers et qu'ils ne comprennent pas les avantages qui résulteraient d'un meilleur état de choses. Les ouvriers eux-mêmes n'en sont pas partisans, parce que les trades-unions s'opposent à la coopération qu'elles regardent comme funestes à leur puissance.

Partout où l'épreuve fut tentée, elle réussit jusqu'au moment où les ouvriers, poussés par les trades-unions, refusèrent de la continuer. Tel est le peuple aveuglé par les préjugés et l'ignorance, sur ses intérêts et ceux du pays.

Il est donc à craindre que l'association industrielle ne fasse guère de progrès pour le moment, tant est grande la répugnance à son égard des trades-unions et des patrons peu éclairés. Néanmoins cet arrangement est d'accord avec les principes de l'économie politique, et il sera sans doute largement adopté par quelque génération future. Déjà, d'ailleurs, beaucoup des banques, de maisons de commerce, de compagnies publiques reconnaissent la valeur du principe, en accordant des primes ou gratifications à leurs employés à la fin d'une année prospère. Une compagnie de chemin de fer française a adopté cette coutume il y a quarante ans, et comme les affaires passent de plus en plus aux mains de sociétés dont les bénéfices sont rendus publics, il semble qu'aucune raison ne s'oppose plus à l'adoption de l'association industrielle. On m'assure que le même principe est appliqué dans la vaste entreprise de publicité de MM. W. H. Smith et fils.

62. Association de production.

Dans un autre mode de coopération, les travailleurs épargnent leurs salaires jusqu'à ce qu'ils aient réuni un petit capital, afin de s'associer et de posséder les fabriques, les machines et les matériaux qu'ils mettent en oeuvre. Ils deviennent ainsi leurs propres capitalistes, leurs propres patrons et ils s'assurent le profit tout entier. Les sociétés coopératives de ce genre ne sont en somme que des compagnies dont les actions sont aux mains des ouvriers employés. Naturellement les actionnaires devront choisir des directeurs parmi eux ; ils doivent aussi avoir des administrateurs pour conduire l'affaire. Administrateurs et directeurs doivent être bien payés pour ce qu'ils font ; on leur accorde une part considérable dans les bénéfices, afin de les intéresser au succès des travaux et de les rendre actifs et soigneux. Une direction incompétente ou négligente aurait vite l'ait de ruiner la meilleure affaire.

Un grand nombre de sociétés coopératives de cette espèce ont été formées dans ces vingt dernières années en Angleterre, en France, en Amérique et partout ; la plupart ont échoué faute d'une bonne direction. Les actionnaires ouvriers ne se rendent généralement pas compte de la dose d'habileté et de jugement qui est nécessaire pour la conduite d'une affaire ; ils sont accoutumés à voir l'ouvrage marcher en quelque sorte de lui-même, mais ils ne voient pas l'attention constante, les soins et les calculs qui seuls peuvent le rendre profitable. A cause de cela, ils négligent habituellement de se procurer de bons directeurs et ils mesurent leur confiance en ceux qu'ils choisissent.

D'ailleurs, beaucoup de ces compagnies soi-disant coopérative ne le sont pas en réalité ; elles emploient fréquemment des ouvriers qui ne sont pas actionnaires, qui ne reçoivent aucune part dans les bénéfices et de plus elles ne donnent à leurs directeurs que de faibles appointements fixes. Ces sociétés coopératives ne sont que des sociétés par actions mal dirigées, elles ne peuvent réussir.

Une autre difficulté pour ces compagnies, c'est l'insuffisance ordinaire de leurs capitaux ; quand le commerce devient difficile, elles sont incapables de supporter les pertes qui se succèdent parfois pendant plusieurs années. Elles peuvent emprunter sur hypothèque de leurs bâtiments et de leurs machines, c'est ce qu'elles font d'ordinaire, mais aucun banquier n'accordera de crédit à de telles sociétés sans garanties immobilières. Elles périssent donc souvent quand les affaires deviennent mauvaises et tout l'avantage est pour ceux qui rachètent à bas prix leurs propriétés.

William Stanley Jevons

Il est à espérer que dans l'avenir tous les travailleurs deviendront des capitalistes sur une petite échelle et lorsqu'ils auront acquis de l'éducation et l'expérience, les fabriques coopératives d'ouvriers pourront réussir. Actuellement il est préférable de laisser la direction des affaires aux mains des capitalistes qui ne sont pas seulement des hommes habiles et expérimentés, mais qui ont les meilleures raisons d'être soigneux et actifs puisque leur fortune dépend du succès.

63. Prévoyance.

On doit profondément regretter que les classes ouvrières ne sentent pas pour la plupart, la nécessité d'épargner une portion de leurs salaires pour s'aider à vivre quand les affaires vont mal ou que la maladie et le malheur viennent les atteindre. On voit trop de familles d'ouvriers dépenser tout ce qu'elles gagnent quand le commerce est actif et dès que la besogne vient à manquer, elles se retrouvent plus malheureuses que jamais.

Tout homme doit épargner quelque peu quand la chose est possible et cela pour plusieurs raisons distinctes :

1° L'épargne forme une réserve en cas de maladie, de manque d'emploi, d'accident, ou d'autres malheurs ; elle est nécessaire pour venir en aide à l'ouvrier dans la vieillesse, ou à sa veuve et à ses orphelins s'il vient à mourir prématurément ;

2° Elle produit des intérêts et ajoute au revenu de l'ouvrier ;

3° Elle lui permet enfin d'entreprendre Un commerce, d'acheter de bons outils, de jouir d'un crédit suffisant dans le cas où il verrait l'occasion d'entreprendre une affaire pour son propre compte.

Personne, homme ou femme, dans la force de l'âge, et gagnant de bons salaires ne doit les dépenser entièrement. Le célibataire lui-même arrivera à un moment où la mauvaise santé, la vieillesse et d'autres causes inévitables l'empêcheront de gagner sa vie. Il devra avoir assez d'épargnes à ce moment pour éviter la mendicité ou la dégradation de l'hospice. Quand l'homme a une femme et de jeunes enfants, la nécessité de l'épargne est évidemment plus grande encore. Chaque tempête, chaque explosion de grisou, chaque accident en un mot, laisse un certain nombre d'enfants sans secours, qu'élèvent à grand peine de pauvres veuves ou la charité publique. Sans doute le peuple peut être frappé de désastres si grands et si inattendus qu'on ne peut le blâmer de ne pas se prémunir contre eux. Un bomme qui à un âge peu avancé devient aveugle, estropié ou invalide, est justement désigné à la charité, mais il ne manquerait pas d'institutions de bienfaisance pour pourvoir à ces cas exceptionnels, si ceux qui sont plus heureux songeaient davantage à se pourvoir eux-mêmes.

Mais, dira-t-on, souvent les ouvriers ne peuvent réellemen1 rien épargner des faibles salaires qu'ils reçoivent : la vie coûte trop cher. Nous ne pouvons nier qu'on ne rencontre des travailleurs, spécialement les ouvriers agricoles du sud de l'Angleterre, dont les salaires sont à peine suffisants pour fournir des aliments et des vêtements à leur famille. Dans certains districts le gain moyen d'une famille n'est guère que de douze à quinze shillings par semaine, quelquefois moins. Ceux-là ne peuvent guère épargner, il faut l'avouer, mais tel n'est pas le cas des artisans et des ouvriers dans les districts manufacturiers. Ces derniers gagnent rarement moins d'une livre par semaine, souvent deux livres. Les garçons et les filles, et quelquefois la mère de famille, gagnent aussi, de sorte qu'en temps de prospérité, une famille de Manchester, de Leicester, ou d'une autre ville manufacturière, pourra gagner jusqu'à cent cinquante livres par an et même plus. Certaines classes d'ouvriers, spécialement les ouvriers à la veine des houillères et les puddleurs, gagnent deux fois cette somme dans les bonnes années et sont en réalité mieux payés que les instituteurs, les ministres de la religion et les premiers commis. Il est ridicule de dire que les ouvriers les mieux payés ne peuvent épargner et quoique nous ne puissions établir de règle fixe à ce sujet, il est probable que tous ceux qui gagnent plus d'une livre par semaine peuvent épargner quelque chose.

Il est facile de prouver cette assertion par le fait que quand une grève éclate, les ouvriers vivent de la moitié ou d'un tiers de leur salaire ordinaire. Quelquefois ils se contentent pendant trois ou quatre mois des douze ou quinze shillings par semaine qu'ils reçoivent de leur trades-unions ou des autres. Ne leur arrive-t-il pas souvent d'ailleurs de payer des cotisations presque obligatoires pour soutenir d'autres ouvriers dans une grève prolongée! Personne ne désire voir les ouvriers vivre avec la moitié de leur salaire, mais si pour soutenir des grèves contre leurs patrons ils peuvent mettre de côté ces cotisations, il est évident qu'ils peuvent tout aussi bien les joindre à leurs épargnes.

Nous savons aussi que la quantité d'argent dépensé en boissons est énorme ; elle est dans notre pays de cent quarante millions de livre par an, ou environ quatre livres par an pour chaque homme, femme et enfant. La moitié au moins de cette somme peut être épargnée, au grand avantage de la santé et de la morale, et de cette façon les classes ouvrières pourraient mettre de côté chaque année une somme à peu près égale au revenu de la nation.

Chapitre X : Propriété foncière

64 et 65. La terre

64. et 65. Nous avons suffisamment considéré les difficultés qui surgissent dans les relations du travail et du capital, deux des instruments de la production ; nous allons maintenant aborder une autre partie de l'économie politique et rechercher comment se distribue le troisième instrument, la terre.

La terre est occupée de diverses manières dans les différents pays. C'est une affaire de coutume, et dans le cours des temps, la coutume se modifie lentement. La manière dont les fermes sont possédées et administrées de nos jours en Angleterre, ne ressemble en rien à celle dont la terre est occupée en France, en Norvège, en Russie et même aux États-Unis ; elle n'est pas non plus la même qu'en Angleterre il y a quelques siècles. Ce qui convient à une place et dans un certain état de la société ne conviendra pas nécessairement dans d'autres circonstances. Nous allons considérer comment s'associent les instruments de production, la terre, le travail et le capital; ils sont quelquefois fournis tous trois par la même personne, quelquefois par des personnes distinctes.

Dans le système de l'esclavage, par exemple, comme il existait dans les états de l'Amérique du Nord, le propriétaire d'une plantation possédait tout à la fois la terre, le travail et le capital. Strictement parlant, un esclave n'est pas un travailleur parce qu'il ne peut vendre son travail à son profit, ni travailler comme il l'entend. Sa position ressemble plutôt à celle du cheval qui tire la charrue, à celle d'une simple bête de somme. De même qu'un fermier possède ses chevaux, ses vaches, ses porcs, qui sont une portion de ses biens, le propriétaire d'esclaves regarde ceux-ci comme une partie de son capital. Le travail servile se faisant à contre-cœur, sans espoir de récompense, est d'habitude mal ordonné, mal employé. Il est d'ailleurs à peu près inutile d'examiner si l'esclavage est bon ou mauvais au point de vue économique, puisque la morale le réprouve absolument.

Nous pouvons représenter la manière dont les instruments de la production se distribuent dans l'esclavage, par le diagramme suivant :

	Terre
Propriétaire d'esclaves	Travail
	Capital

Dans une grande partie du monde, le gouvernement prend la place des possesseurs de la terre et prélève la rente à l'aide de collecteurs d'impôts. Le fermage est aux mains de pauvres paysans qui trouvent le capital quand ils peuvent et font ainsi tout le travail. Nous avons alors l'arrangement suivant :

Gouvernement	Terre
	Travail
Paysan	
	Capital

Ce système existe de nos jours en Turquie, en Égypte, en Perse et dans beaucoup de contrées de l'Orient, il se rencontre aussi dans les Indes anglaises, sous une forme un peu altérée. Après l'esclavage, c'est le pire de tous les systèmes, parce que le gouvernement peut fixer la rente comme il lui plaît et qu'il est difficile de distinguer entre la rente et les impôts. Quand la récolte est mauvaise, les paysans (*ryots*) sont incapables de payer les collecteurs ; ils s'endettent et demeurent privés de toute ressource.

Dans un autre système – l'un des meilleurs quand on peut l'appliquer - le propriétaire de la terre est le paysan lui-même, qui travaille avec ses propres bras et se procure aussi le capital nécessaire. Dans ce système comme dans l'esclavage, tous les instruments de production sont dans les mêmes mains :

	Terre
Paysan	Travail
	Capital

Mais sous tous les autres rapports, il est l'opposé de l'esclavage. Ses avantages sont évidents. Le travailleur étant maître de sa ferme et de tout ce qui s'y trouve, est un homme indépendant qui a tous les motifs de travailler activement et d'accroître ses épargnes. Tout perfectionnement, si faible qu'il soit, qu'il peut apporter à sa ferme, est autant d'ajouter à sa richesse et à celle de sa famille après lui. C'est ce qu'on appelle la magie de la propriété. Ce sentiment, qu'il travaille entièrement pour son bénéfice et celui des siens, accroît d'une façon presque magique son inclination au travail. Dans les pays nouveaux, tels que les territoires de l'Ouest des États-Unis, le Canada, les colonies de l'Australie et du Cap, ce mode d'occupation de la terre parait convenable, parce que le sol y est a bon marché et qu'il faut peu de capital pour attendre la première récolte. Dans ces pays il ne faut ni engrais coûteux, ni machines perfectionnées ; le drainage et l'amendement des terres y sont inutiles.

L'objection qu'on peut faire à ce mode de propriété est que celui qui fait de ses propres mains le travail d'une ferme, doit être nécessairement un homme pauvre et inhabile. S'il était riche, il préférerait sans doute acheter le travail des autres, et devenir un capitaliste ; s'il était un fermier réellement habile, ce serait pitié de perdre ses soins sur une petite ferme, quand avec une division plus grande du travail, il pourrait diriger avec profit un établissement de plus d'importance. Pauvre, son capital sera absorbé en grande partie par l'achat de son cottage et de ses granges et par l'acquisition de sa terre. Il ne lui en restera que fort peu pour les perfectionnements, pour se procurer de bons instruments qui lui épargnent du travail, et de bonnes races de chevaux, de vaches et de porcs ; aussi, à moins que sa terre ne soit nouvelle et très fertile, il ne retirera pas un grand profit de ses peines. Grâce à la magie de la propriété, il pourra travailler très activement, et pendant de longues heures, mais il ne le fera pas d'une manière économique et il restera pauvre en dépit de ses rudes efforts. Les paysans propriétaires qui existent encore en Suisse, en Belgique, en Norvège, en Suède et dans quelques autres parties de l'Europe, travaillent presque nuit et jour pendant l'été ; malgré tous leurs soins et leur économie, ils deviennent rarement riches et ne retirent du sol que de quoi vivre simplement.

Trop souvent, le paysan propriétaire, s'il n'est pas très prévoyant, se trouve à court d'argent après une ou deux mauvaises saisons. Il est alors tenté d'emprunter de l'argent, de vendre son bois ou d'autres produits avant qu'ils ne soient prêts pour le marché, enfin de s'endetter. Quand sa ferme a augmenté de valeur et pourrait donner quelque rente, il l'hypothèque, c'est-à-dire qu'il la donne en garantie de ses dettes. Le prêteur sur hypothèques devient alors en partie propriétaire de la terre et du capital et l'arrangement tend à prendre cette forme :

Prêteur	Terre
	Capital
	Capital
Propriétaire	Travail

66: Propriété foncière en Angleterre

À mesure que l'agriculture deviendra une science, elle exigera plus d'habileté, un capital plus grand, et le système anglais se répandra probablement. Il comporte une très grande division du travail et les différentes classes sociales y prennent part à peu près de la manière suivante :

	Terre
Propriétaire	
	Capital
	Capital
Fermier	
	Travail
Travailleur	Travail

La terre est habituellement possédée par quelque personne riche qui désire avoir de grandes propriétés, sans l'embarras de les faire valoir. En ce qui concerne la terre seule, cette personne est propriétaire d'un agent naturel, et la rente qu'elle reçoit est une rente véritable ; mais outre cela il y a aussi des bâtiments, des routes, des clôtures, un drainage et d'autres améliorations qui sont sa propriété ; sous ce rapport elle est capitaliste et le profit qu'elle en retire est de l'intérêt.

Le fermier est un homme instruit et habile, possédant un capital considérable. Il loue la terre et les installations au propriétaire, y introduit du bétail, des chariots, des instruments perfectionnés de toute espèce et emploie alors des ouvriers à la journée pour faire le travail manuel, tandis que lui-même s'occupe de la direction, tenant les comptes, faisant les ventes et les achats, etc. Le travailleur agricole, généralement parlant, n'est rien qu'un travailleur ; il vit dans un cottage loué probablement au fermier ou au propriétaire et il n'a que peu de motifs de travailler plus qu'il ne faut, puisque le profit appartient à son maître.

Il y a dans ce système de grands avantages, comme aussi de grands inconvénients. Le fermier, qui est un homme intelligent, versé dans l'agriculture, à la tête d'un capital important, peut adopter toutes les inventions nouvelles et tirer le plus grand parti possible de la terre et du travail. C'est aussi un avantage qu'il ne possède pas la terre et le capital fixe, parce que tout son propre capital reste libre et lui permet de se procurer des instruments et des engrais plus coûteux, de meilleures races de bétail. Enfin le système est favorable aux grandes fermes, où l'on peut établir une grande division du travail, comme dans une manufacture ; il en résulte quelques-uns des avantages que nous avons exposés comme étant le résultat de cette division (paragr. 25 à 29).

Les désavantages du mode de fermage anglais sont également grands, surtout en ce qui concerne les travailleurs, qui forment la classe la plus nombreuse. Ils n'ont rien de l'indépendance des paysans propriétaires ; quand ils sont congédiés ou trop vieux pour travailler, ils n'ont guère pour asile que le « Workhouse ». Leurs salaires ont été jusqu'ici très bas, rendant l'épargne impossible, mais cet état de choses est dû en partie aux mauvaises lois des pauvres qui existaient en Angleterre et au nombre excessif d'ouvriers indigents et ignorants. Quand les lois des pauvres s'amélioreront, quand les travailleurs agricoles, plus instruits, s'emploieront comme dans les manufactures, à faire marcher des machines, il n'y a aucune raison pour qu'ils n'obtiennent pas de bons salaires et ne deviennent indépendants, comme les artisans.

Dans le système anglais, tout dépend de la nature du contrat entre le possesseur de la terre et le fermier-capitaliste. Beaucoup de grands propriétaires, en Angleterre, refusent de louer leurs terres pour de longues périodes. Ils veulent avoir des fermiers qui ne soient que des locataires à volonté, qu'ils puissent expulser de leurs fermes en les avertissant un an d'avance, les privant ainsi de la valeur de tous les perfectionnements qu'ils ont apportés s'ils viennent à offenser le grand propriétaire. Il est facile de comprendre où ils désirent en venir : ils veulent être des seigneurs et mener les affaires sur leurs terres comme s'ils étaient de petits rois. Cela s'appelle l'influence territoriale et des gens qui sont devenus riches à fabriquer du fer ou des articles de coton, achètent souvent des terres à haut prix pour jouer au grand seigneur. Les contrées rurales de l'Angleterre, de l'Écosse et de l'Irlande, sont encore, en réalité, sous Je système féodal.

William Stanley Jevons

Nous ne pouvons dans ce petit livre considérer la chose qu'en ce qui concerne l'économie politique, et à ce point de vue le système que nous venons de décrire est mauvais. Les locataires a volonté n'ont aucun motif d'améliorer leurs fermes : ce serait un motif pour le propriétaire de les expulser ou d'augmenter la rente. On comprend généralement, il est vrai, que celui-ci n'usera pas de son pouvoir, et beaucoup de fermiers agissent comme s'ils étaient sûrs de conserver leurs fermes ; s'ils sont congédiés malgré cela, c'est un véritable vol qu'on leur fait, et en tout cas, ils ne peuvent jamais goûter l'indépendance dont tout homme doit jouir. Nous devons nous rappeler toujours que les lois doivent être faites, non au bénéfice d'une classe, mais au bénéfice de toute la nation. Celles qui concernent les rapports des propriétaires et des locataires ont cependant été faites par les propriétaires, et .plutôt pour leur agrément personnel que pour le bien de l'agriculture.

Il y a deux manières de remédier à ce malheureux état de choses, savoir :

1°   Par un système de baux à long terme ;

2°   Par le droit du locataire, ou *tenant right*.

67. Tenure par bail (leasehold).

Un bail est le consentement formel de louer une terre ou des maisons à un locataire pour un certain nombre d'années, pour une rente fixe, et suivant certaines conditions, soigneusement établies pour prévenir les contestations. Quand une terre est louée à un fermier par un bail de trente années ou plus, elle devient presque sa propriété, parce que dans les premières années de son terme, il peut avec son capital apporter de grandes améliorations dont il est sûr de profiter avant la fin de son bail. Dans l'est de l'Angleterre et de l'Écosse, où les fermes sont les plus importante, et les mieux dirigées, ces longs baux sont le mode ordinaire de location de la terre. C'est certainement l'un des meilleurs arrangements pour encourager les bons fermages, et il présente peu d'inconvénients si ce n'est que le fermier négligera les perfectionnements vers la fin de son bail.

68. Tenant right

Une autre bonne mesure est celle qui donne au locataire congédié le droit de réclamer la valeur de toute amélioration non épuisée, qu'il peut avoir apportée à sa ferme. Un fermier peut prouver sans difficulté combien il a dépensé pour bâtir ses granges, ses étables, ses porcheries, etc., pour le drainage, pour l'établissement des chemins et des clôlures, pour l'amendement des terres et les engrais. Les personnes qui ont l'expérience des cultures peuvent fixer exactement le temps pendant lequel chaque amélioration donnera du profit, de façon à évaluer la perte du locataire qui doit quitter la ferme. On peut aussi estimer la somme qu'il doit recevoir comme compensation, et le propriétaire, s'il veut le renvoyer, est obligé de lui payer cette compensation. Il la regagnera en augmentant la rente du nouveau fermier.

Ce droit, quoique inconnu dans la plus grande partie de l'Angleterre, n'est pas du tout nouveau ; il a existé longtemps dans le nord de l'Irlande, ou on l'appelle *Ulster tenant right*. Le locataire nouveau paie à l'ancien une somme considérable pour l'avantage d'entrer dans une ferme qui a reçu des améliorations diverses, ce qui a pour résultat pratique d'empêcher le propriétaire de congédier un bon fermier comme il l'entend. Dans le Yorkshire également, c'était la coutume d'indemniser le locataire sortant, et il n'y a aucune raison pour que la coutume ne devienne un droit légal, étendu au pays tout entier. La loi sur les terres d'Irlande (Irish Land Act) de M. Gladstone a déjà établi pour l'Irlande un système à peu près semblable. Si on veut que la terre serve à son véritable but et non au plaisir ou à l'orgueil de quelques propriétaires, il faut obliger ceux-ci à accorder de longs baux, par exemple de trente à cinquante ans, ou bien à payer la compensation, fixée par un jury, qui appellerait en témoignage des personnes au courant des exploitations agricoles.

69. Origine de la rente.

Il est très important de comprendre exactement d'où provient la rente, car sans cela, il est impossible de voir pourquoi le propriétaire peut venir s'emparer d'une part considérable du produit, sans avoir d'autre peine. Le fait est que nous ne pouvons nous débarrasser de la rente ; elle doit aller à l'un ou à l'autre, et tout ce que nous pouvons nous demander, c'est s'il doit y avoir beaucoup de propriétaires recevant de petites rentes ou peu de propriétaires recevant de grosses rentes.

La rente provient de ce fait que les différentes pièces de terre ne sont pas également fertiles, en d'autres termes qu'elles ne donnent pas le même produit pour le même travail. Cela peut provenir de différences dans la qualité du sol, ou dans les quantités de chaleur et d'humidité qu'il reçoit. Si la terre avait une surface unie, la même partout, si elle était tout entière labourée et cultivée de la même façon, la rente n'existerait pas. Mais la surface de la terre, comme nous savons, a des collines et des vallées, ici des plaines fertiles, là du sable aride et des pierres. Si le sol est bon, s'il est situé favorablement pour y cultiver des céréales ou d'autres produits, son possesseur obtiendra plus, en échange de son travail, que s'il n'avait qu'une mauvaise pièce de terre. Dans le cas même où chacun posséderait la ferme qu'il cultive, ceux qui feraient valoir les meilleures pièces en retireraient une rente, parce qu'ils obtiendraient un produit plus grand. Ainsi, en accordant à tous le même salaire, il resterait quelque chose en plus aux heureux possesseurs de la meilleure terre. Si au lieu de la travailler eux-mêmes, ils la louent à d'autres, ils en retireront une rente qui dépendra de la richesse et des autres avantages de la terre.

Il est maintenant facile de voir comment s'établit le montant de la rente. La terre qui produit juste assez pour payer le salaire des ouvriers qui la travaillent et l'intérêt du capital qu'ils exigent, ne donnera aucune rente. Pour les meilleures terres, la rente consistera dans l'excédent de leur produit sur celui des terres les plus pauvre, après qu'on a fait la part du plus ou moins de travail et de capital dépensé.

Nous pouvons aussi considérer la chose autrement. Le prix du grain est déterminé par les frais de sa production sur une terre qui paie juste les dépenses de culture. En effet, s'il faut plus de grains, c'est sur de pareilles terres que nous devons nous les procurer, les meilleures étant depuis longtemps occupées. Cependant, les grains de même qualité se vendent tous au même prix, quels que soient les frais de production ; la rente de la terre plus fertile sera donc l'excédent du prix de son produit sur celui de la terre qui paie juste le cultivateur, sans rien au delà.

Chapitre XI : Échange

70. Comment l'échange s'établit.

Un des moyens les plus importants que nous possédons d'accroître la richesse, consiste dans l'échange, -c'est-à-dire à donner les choses dont nous n'avons pas besoin, en retour de celles dont nous avons besoin. La richesse, comme nous l'avons vu, est faite de toutes les choses qui nous sont actuellement utiles, parce que nous n'en avons pas assez à notre portée, et qui peuvent se transmettre à une autre personne. Quand le besoin que nous avons d'une espèce de commodité est satisfait, nous n'en voulons plus davantage, mais nous en désirons d'une autre espèce. Il en résulte que l'échange produit constamment un gain d'utilité. Certaines personnes ont objecté qu'il ne peut produire aucun bien parce que la chose donnée égale en valeur la chose reçue. D'autres ont dit que si l'une des parties profite, ce ne peut être évidemment qu'aux dépens de l'autre. D'après cette idée, le commerce consisterait à essayer de dépouiller son voisin. Ce qui est donné égale bien en valeur ce qui est reçu, mais ne l'égale pas en utilité, et l'accroissement de l'utilité est le but de toute production et de tout commerce.

Nous ne payons pas les choses en proportion de leur utilité ; sans cela, l'air et l'eau seraient les plus coûteux de toutes les choses. Bien que le pain soit, le soutien de la vie, on peut s'en procurer une bonne portion pour quatre ou six pence.

Pour essayer de comprendre ce paradoxe apparent, nous devons fixer exactement ce que l'on entend par « valeur ».

71. Qu'est-ce que la valeur ?

Quand on échange une marchandise contre une autre, on se pose cette question : combien donnera-t-on de l'une, pour telle quantité de l'autre. On dit que certaines choses ont beaucoup de valeur, comme une montre d'or, une bague en diamants, parce qu'en les changeant nous pouvons obtenir une grande quantité d'autres objets. Les cendres ont peu ou point de valeur, parce que nous ne pouvons rien obtenir en les échangeant.

Ce mot de valeur est d'ailleurs très complexe et sert à désigner différentes choses. Nous pouvons dire que la quinine a de la valeur pour guérir les fièvres, que le fer a de la valeur pour reconstituer le sang, que l'eau a de la valeur pour éteindre les incendies. Nous n'entendons pas ici une valeur d'échange car la quinine guérirait tout aussi bien les fièvres, ne coûtât-elle qu'un penny l'once au lieu d'environ dix shillings. L'eau, pourvu que nous la trouvions au bon moment, éteint un feu, quel que soit son prix. Il est donc clair que dans beaucoup de cas, nous voulons parler d'une valeur d'usage. Le terme de valeur est donc ambigu. Il y a une valeur d'usage et une valeur d'échange, et beaucoup de choses auxquelles on attribue communément une faible valeur d'échange, ont une grande valeur d'usage. Cette dernière expression représente simplement l'utilité d'une chose plutôt l'utilité de telle partie de cette chose que nous pouvons actuellement employer. Ainsi, la valeur d'usage de l'eau équivaut à l'utilité de l'eau que nous buvons, de celle avec laquelle nous lavons, nous faisons la cuisine, nous arrosons les routes, mais cette utilité si grande quelle soit ne peut évidemment s'entendre de l'eau qui nous est nuisible, comme en cas d'inondation, de maisons humides, de mines envahies, etc.

Nous pouvons maintenant apprécier toute la vérité de cette remarque de l'économiste italien Genovesi : « L'échange consiste à donner le superflu pour le nécessaire », ou plutôt, comme je dirais, le comparativement superflu pour le comparativement nécessaire. Celui qui a trop d'une chose a déjà joui de tout le bien qu'elle peut lui faire, mais il a sans doute besoin d'une certaine quantité d'un autre article. L'échange, comme un acte de merci, bénit celui qui donne et celui qui reçoit, car ce que chacun reçoit lui est nécessaire et possède une très grande utilité.

En Angleterre, par exemple, nous possédons de grandes quantités de houille ; la France produit du bon vin en abondance. Nous ne pouvons guère avoir de vin en Angleterre sans le demander à la France ou à quelques pays étrangers ; la France de son côté a besoin de beaucoup de houille. Il est évident qu'il résultera un grand gain d'utilité si nous donnons une partie de cette houille comparativement superflue, en échange d'une partie des vins abondants de France.

On a fait cette objection au commerce, qu'il est stérile et ne produit pas de nouvelles marchandises. Il n'existe ni plus ni moins de houille ou de vin après qu'ils sont échangés qu'auparavant, mais en économie politique, nous nous occupons d'utilité et de richesse ; la question est de voir si les choses sont utilement consommées ou non. Or, ce qui n'est pas une richesse quand elle est consommée par une certaine personne, le devient quand on la passe à une autre pour être consommée. Quoique l'échange ne puisse créer les éléments de la richesse il n'en crée pas moins de la richesse en donnant de l'utilité à ces éléments.

72. La valeur signifie proportion dans l'échange.

Quand nous parlons de la valeur échangeable d'une chose, nous avons en vue la quantité de telle autre chose que nous pouvons en obtenir. Cela dépend naturellement de la nature de cette autre chose. Évidemment, je puis me procurer pour un shilling beaucoup plus de pommes de terre que de pain, plus de pain que de bœuf, plus de bœuf que d'extrait de bœuf. Par conséquent, quand nous parlons de la valeur d'une chose, nous devons toujours dire à quoi nous la comparons. Le mot valeur signifie seulement que telle quantité d'une chose est donnée pour telle quantité d'une autre, et c'est la proportion de ces quantités qui mesure la valeur. On peut d'ordinaire avoir une tonne de fer en gueuse pour un quarter de blé : la proportion est ici de un à un. Pour avoir une tonne de cuivre, nous devrions probablement donner trente quarters de blé : la proportion est ici de un à trente. Il ne peut y avoir de valeur d'échange sans proportion, tant d'une chose pour tant d'une autre.

Ordinairement, nous mesurons la valeur par le prix. Le prix est la quantité de monnaie que nous donnons pour une chose. La proportion se trouve, dans ce cas, entre la quantité de monnaie et la quantité de marchandises que nous en obtenons, comme quand nous donnons soixante shillings pour dix mètres de tapis. Nous verrons plus loin que la monnaie est aussi une commodité, qui a son utilité et sa valeur comme les autres commodités. C'est une grande facilité de toujours se représenter et désigner les valeurs en monnaie, parce que nous pouvons ainsi comparer rapidement la valeur d'une chose avec celle de n'importe quelle autre. Si une livre de pommes de terre coûte un penny, une livre de pain trois pence, et une livre de bœuf neuf pence, nous voyons aussitôt qu'une livre de bœuf a la même valeur que trois livres de pain et neuf livres de pommes de terre et nous pouvons juger de combien nous devons nous servir.

73. Lois de l'offre et de la demande.

Le moment est venu de comprendre comment la valeur des choses est gouvernée, comment elle change de temps en temps. Les lois principales qui gouvernent la valeur s'appellent les lois de l'offre et de la demande ; elles sont très importantes. L'offre représente la quantité de marchandises que les gens consentent à échanger pour une certaine valeur et la demande la quantité de marchandises que les gens consentent à prendre en échange ; mais avant qu'une personne puisse juger combien elle désire acheter d'une espèce particulière de marchandise, elle doit en connaître le prix, c'est-à-dire sa proportion avec la monnaie. Si le prix du pain, au lieu d'être de trois pence, monte à quatre pence la livre, le pauvre se décidera peut-être à prendre moins de pain, et à acheter plus de pommes de terre. Si le bœuf, au lieu de neuf pence, monte à un shilling ou quatorze pence la livre, certaines personnes refuseront tout à fait d'en acheter et d'autres en achèteront moins qu'auparavant. L'offre des choses varie de la même façon : si le prix de la viande augmente, les fermiers qui possèdent du bétail l'amènent au marché, dans le but de réaliser un bon profit en le vendant ; si les prix tombent ils gardent leur bétail pour le vendre plus tard.

Les lois de l'offre et de la demande peuvent ainsi s'établir: Une augmentation de prix tend à produire une offre plus forte et une demande plus faible ; une diminution de prix tend à produire une offre plus faible et une demande plus forte. Réciproquement, une augmentation de l'offre ou une diminution de la demande tend à diminuer le prix, et une diminution de l'offre ou une augmentation de la demande tend à augmenter le prix.

Ces lois sont si importantes que je vais les représenter dans un tableau.

Prix.	Offre.	Demande.
Plus haut.	Plus forte.	Plus faible.
Plus bas.	Plus faible.	Plus forte.

Nous pouvons maintenant comprendre comment se détermine le prix de chaque marchandise. Le prix doit être tel, que la quantité demandée à un moment donné soit égale à la quantité offerte. Si ceux qui veulent des marchandises à un certain prix ne peuvent les obtenir, ils doivent en offrir un prix plus élevé, pour engager d'autres personnes à vendre. Plus haut sera le prix, plus forte sera l'offre, comme nous l'avons vu ; en outre, si quelques personnes, sur un marché, offrent un prix plus élevé, la chose est vite connue des autres vendeurs. Quand la femme du fermier porte un panier de beurre au marché de la ville voisine, elle voit bien vite si l'offre est plus forte ou plus faible que d'habitude. Si les acheteurs sont rares et peu disposés à acheter, elle commence à craindre d'avoir à reporter son beurre non vendu, et de retourner sans la vaisselle, le calicot et les autres objets qu'elle avait l'intention d'acheter avec l'argent. Elle demande alors un penny ou deux pence de moins à la livre et les autres marchands de beurre sont obligés d'abaisser aussi leurs prix, car personne ne voudrait acheter à une femme du beurre à 1fr.80, s'il pouvait s'en procurer d'aussi bon à 1fr.60 chez sa voisine. Si d'un autre côté, peu de marchands ont apporté du beurre au marché, ou qu'il y ait beaucoup d'acheteurs avec de l'argent dans leurs poches, la scène change entièrement. Ceux qui ont apporté du beurre, voient qu'il leur sera facile de vendre tout ce qu'ils ont ; c'est au tour des acheteurs de s'inquiéter d'acheter avant que tout ne soit parti, et leur empressement montre bientôt aux vendeurs qu'ils peuvent élever leurs prix. C'est ce marchandage - les vendeurs demandant le plus haut prix qu'ils peuvent, les acheteurs proposant le plus bas qu'ils jugent acceptable - qui détermine le prix de marché de chaque commodité.

Le prix de marché est tel qu'à ce prix la demande est égale à l'offre. La quantité de beurre ou de tout autre commodité vendue doit égaler celle qui est achetée, car elle n'est vendue qu'après avoir été achetée, mais le prix s'établira de lui-même en conséquence.

74. La valeur dépend-elle du travail ?

Nous touchons à cette importante question : La valeur est-elle le résultat du travail, ou comment est-elle en relation avec lui ? Certains économistes, observant que quand une chose a beaucoup de valeur, comme l'or par exemple, les hommes dépensent beaucoup de travail pour l'obtenir, ont dit que le travail dépensé est l'origine de la grande valeur. C'est une grande erreur, car à ce compte, toute chose qui a coûté beaucoup de travail aurait une grande valeur, et chacun sait qu'il n'en est pas ainsi. On peut dépenser beaucoup de travail pour écrire, imprimer et relier un livre, mais si personne n'en veut, ce livre n'a que la valeur du vieux papier. Quel travail n'avait-il pas fallu pour percer le tunnel sous la Tamise et cependant, peu de gens le traversant, ce tunnel n'eut que peu de valeur jusqu'à ce qu'on y eût établi un chemin de fer. Il est donc tout à fait certain que le travail seul, appliqué à une chose, ne lui donne pas de valeur : le travail doit être tel qu'il rende la chose utile.

D'un autre côté, certaines substances peuvent avoir beaucoup de valeur, qui ont coûté peu ou point de travail. Quand il arrive à un berger australien de ramasser une pépite d'or dans la montagne, il ne dépense pour cela aucun travail appréciable et cependant cet or a tout autant de valeur qu'un autre, en proportion de son poids. Certaines mines produisent de grandes quantités d'or; d'autres, dont le creusement a coûté tout autant n'en produisent que fort peu ; l'or d'une mine se vend pourtant au même prix que celui d'une autre, en proportion de son poids et de sa finesse. Il est donc bien certain que le travail n'est pas la cause de la valeur. L'or a de la valeur parce que beaucoup de personnes désirent acquérir plus d'or qu'elles n'en ont déjà et toutes les fois qu'une chose a de la valeur, c'est parce que quelqu'un en a besoin.

Nous pouvons considérer la chose d'une autre façon. S'il était possible de se procurer une chose de valeur, comme l'or, avec peu de travail, beaucoup de gens se feraient chercheurs d'or. On produirait ainsi beaucoup d'or qui, si les besoins sont restés les mêmes, aurait autant de valeur que l'ancien. Personne, cependant, ne désire une quantité indéfinie d'aucune substance, et la richesse, comme nous l'avons vu, doit être limitée ; si donc l'or devenait aussi abondant que le fer ou le plomb, il lui serait impossible de conserver la même valeur qu'aujourd'hui. Le peuple en aurait beaucoup plus qu'il ne pourrait en employer pour les bijoux, les montres, les dorures et le reste, et il en resterait en excès pour faire des vases et des bassins, usage pour lequel il est moins indispensable. Le sujet s'éclaircit ainsi pour nous. Quand une substance peut se produire en abondance avec peu de travail, le peuple est bientôt satisfait des quantités qu'il en possède ; il n'en désire pas plus, ou du moins il le désire moins vivement. Il en résulte, qu'il se refuse à donner pour l'acquérir beaucoup de richesse. Le travail dépensé pour produire une commodité n'en affecte donc pas la valeur, à moins qu'il ne modifie les quantités dont le peuple a besoin et ne rende ainsi une nouvelle portion de cette commodité plus ou moins utile qu'auparavant.

75. Pourquoi les perles ont-elles de la valeur ?

Pour mieux faire comprendre ce qui précède essayons de répondre à cette question difficile ; Plonge-t-on à la recherche des perles parce qu'elles atteignent un haut prix, ou bien les perles atteignent-elles un haut prix parce qu'il faut plonger pour les obtenir ? La pêche des perles est très difficile et très dangereuse. Les plongeurs doivent gagner à l'aide de poids les profondeurs de la mer et retenir leur respiration pendant qu'ils sont occupés à rassembler les coquilles d'huîtres au fond. Le nombre de bonnes perles qu'ils recueillent ainsi est fort fable relativement à la peine qu'elles exigent. Il en résulte qu'en moyenne, ils doivent recevoir un prix élevé pour ce qu'ils trouvent ; le salaire, sans cela, ne serait pas proportionné au travail. Ce fait seul, cependant, n'explique pas la grande valeur des perles, car autrement, la nacre où on les trouve aurait autant de valeur qu'elles-mêmes. La nacre est au contraire une matière de peu de prix. D'ailleurs, si c'était simplement une question de travail, un plongeur qui, n'importe où, rapporterait à la surface une pierre ou une coquille quelconque pourrait en demander un prix très élevé parce qu'il aurait plongé pour l'avoir. La vérité est que les perles ont de la valeur parce que beaucoup de dames n'ont pas encore de colliers de perles et qu'elles désirent en avoir, et que celles qui en possèdent déjà en veulent davantage et de plus belles. En un mot, les perles ont de la valeur parce qu'elles sont utiles aux dames qui veulent plus de bijoux ornés de perles : elles leur sont utiles parce qu'elles n'ont pu jusqu'à présent s'en procurer autant qu'elles le voudraient ; elles n'ont pu enfin s'en procurer beaucoup parce qu'il est difficile d'aller les chercher au fond de la mer ; nous avons de la sorte toute la théorie de la valeur et du travail. Le travail gouverne l'offre, l'offre règle les besoins, les besoins déterminent la valeur.

Chapitre XII : Monnaie

76. *Troc.*

Quand l'échange se fait en donnant une commodité pour une autre, par exemple un sac de froment pour une tranche de lard, ou un livre pour un télescope, il porte le nom de troc. Le commerce se fait encore de cette façon chez les peuples on civilisés ; le voyageur qui se rend dans l'intérieur de l'Afrique centrale emporte une provision de grains, de colliers, de couteaux, de morceaux de fer, de miroirs, etc., que les naturels acceptent avec plaisir en échange de nourriture ou de leurs services. Le peuple troque quelquefois encore certaines choses en Angleterre et aux États-Unis, mais le fait est rare à cause de l'embarras qu'il occasionne.

Si, par exemple, j'ai besoin d'un télescope, en échange d'un livre, je devrai probablement faire beaucoup et de longues recherches avant de trouver une personne qui ait un télescope de trop, et qui consente à l'échanger contre mon livre. Il est peu à prévoir que celui qui possède un télescope ait justement besoin de ce livre particulier. Une autre difficulté est que le livre n'aura probablement pas la même valeur que le télescope, qu'il vaudra plus ou moins. Celui qui possède un bon télescope ne peut le couper en deux et en vendre un morceau à l'un, un morceau à l'autre; il détruirait ainsi toute sa valeur.

77. Avantages de la monnaie.

Avec l'aide de la monnaie, toutes les difficultés du troc disparaissent. En effet, la monnaie est quelque commodité que le peuple tout entier consent à recevoir en échange, et qui peut se diviser en fractions de toute valeur. Presque toutes les commodités peuvent servir de monnaie en l'absence d'une matière meilleure. Le grain était autrefois employé à cet usage dans les pays agricoles. Chaque fermier avait sa provision de grains dans son grenier ; s'il voulait acheter un cheval ou un chariot, il portait à son voisin un certain nombre de sacs de grains en échange. Supposons maintenant, le grain servant de monnaie, qu'un fermier veuille céder un chariot pour une charrue ; il n'a pas besoin pour cela de rencontrer une personne qui accepte le chariot et donne une charrue en échange. Il leur suffit de trouver un fermier qui accepte le chariot et donne du grain et un autre qui donne une charrue et reçoive du grain. Aucune difficulté, non plus, si le chariot et la charrue ne sont pas d'égale valeur ; si le chariot vaut davantage, le fermier pour l'échanger, recevra avec la charrue, une certaine quantité de grains, pour parfaire la différence. La monnaie agit ainsi comme intermédiaire de l'échange, qu'elle facilite en divisant en deux l'acte du troc :

Vente	Chariot
Achat	Monnaie
	Charrue

Mais tout en divisant un acte unique en deux actes séparés, elle rend ces derniers beaucoup plus faciles à accomplir parce qu'ils n'ont pas besoin de l'être par la même personne.

78. La monnaie comme mesure de la valeur.

Quand on emploie la monnaie dans l'échange, on dit que celui qui la reçoit vend des marchandises et que celui qui la donne les achète.

Il y a des deux côtés un acte d'échange, et en réalité les ventes et les achats ne diffèrent du troc qu'en ce qu'une des commodités données ou reçues sert à faciliter l'échange. La monnaie pourrait s'appeler une commodité courante, car c'est une marchandise choisie pour circuler et servir d'intermédiaire dans l'échange.

Dans chaque vente, dans chaque achat, il doit y avoir proportion entre la quantité de monnaie et la quantité de l'autre commodité. Cette proportion exprime la valeur d'une commodité comparée à l'autre. La valeur échangeable n'est rien que cette proportion comme nous l'avons déjà expliqué (paragr. 72). Quand on emploie la monnaie, la quantité qu'on en donne ou qu'on en reçoit pour une certaine quantité de marchandises s'appelle le prix de ces marchandises, de sorte que le prix est la valeur représentée en monnaie. De plus, comme la monnaie, une fois introduite, s'emploie dans presque tous les échanges, il en résulte un autre grand avantage, celui de pouvoir comparer la valeur d'une commodité avec celle de n'importe quelle autre. Sachant seulement combien on peut avoir de cuivre pour tant de plomb, combien de fer pour tant d'acier, et ainsi de suite pour le zinc et le laiton, les briques et le bois, nous ne pourrions comparer la valeur du cuivre à celle du zinc, ou celle du fer à celle du bois. Mais si nous savons que pour une once d'or nous pouvons avoir 950 onces d'étain, 1700 onces de cuivre, 6400 onces de plomb et 16000 onces de fer forgé, nous comprenons sur le champ qu'avec 1700 onces de cuivre nous obtiendrons 16000 onces de fer et ainsi de suite. Ainsi donc l'or, ou toute autre substance employée comme monnaie, sert de commune mesure de la valeur ; elle mesure la valeur de toute autre commodité et nous met ainsi à même de comparer entre elles les valeurs de toutes les commodités.

C'est là un immense avantage, qui permet à chacun de se figurer et d'exprimer la valeur des choses en quantité d'une monnaie connue de tout le monde ; les valeurs des marchandises sont représentées par des prix que chacun comprend et qu'il peut comparer a d'autres. La monnaie remplit donc deux fonctions principales. Elle sert :

1°   d'intermédiaire de l'échange,

2°   de commune mesure de la valeur.

Il est très important de se rappeler toujours que la monnaie, bien qu'elle remplisse ce rôle utile et particulier, ne cesse jamais d'être une commodité : sa valeur est soumise aux lois de l'offre et de la demande {paragr. 75) ; si la quantité de monnaie augmente, sa valeur doit diminuer, c'est-à-dire qu'il faut donner plus de monnaie pour la même commodité, et *vice versa*.

79. De quoi est faite la monnaie.

Comme nous l'avons déjà remarqué, presque toutes les commodités peuvent servir de monnaie, et à différentes époques les vins, les bœufs, l'huile d'olive, le riz, les peaux, le tabac, les coquillages, les clous ont réellement été employés dans les ventes et les achats. On a trouvé cependant que les métaux, pour plusieurs raisons, étaient de loin les plus convenables; et que parmi eux l'or et l'argent l'emportaient sur tous les autres.

Les avantages de la monnaie d'or et d'argent sont évidents. Ces métaux sont portatifs, car leur valeur est si grande que sous un faible poids de métal elle égale celle d'un poids considérable de blé, de bois ou d'autres substances. Ils sont indestructibles, c'est-à-dire qu'ils ne pourrissent pas comme le bois, qu'ils ne se gâtent pas comme les oeufs, qu'ils ne s'aigrissent pas comme le vin et qu'ils peuvent ainsi se garder indéfiniment sans rien perdre de leur valeur. Un autre avantage est qu'il n'y a aucune différence dans la qualité du métal lui-même ; l'or pur est toujours le même que l'or pur, et quoiqu'il puisse être mêlé à un métal plus ou moins vulgaire, nous pouvons toujours essayer ou analyser l'alliage et nous rendre compte de la proportion de métal fin qu'il contient. Ces métaux sont divisibles ; ils peuvent être divisés ou fractionnés en pièces, qui, réunies, auront autant de valeur qu'auparavant. Une autre qualité de l'or et de l'argent est d'être si beaux, si brillants et, pour l'or si pesants, qu'il est difficile de les imiter, avec un peu d'attention et d'expérience chacun peut dire si la monnaie d'or ou d'argent qu'il reçoit, est bonne. Enfin, dernier avantage important, ces métaux ne changent pas rapidement de valeur. Une mauvaise récolte double le prix du grain, et les choses destructibles, comme les oeufs, les peaux, etc., ont des valeurs fort variables. L'or et l'argent, au contraire, changent lentement de valeur, parce qu'ils durent très longtemps et qu'ainsi la nouvelle quantité qui s'y ajoute chaque année est fort peu de chose comparée au stock de ces métaux. Néanmoins, l'or et l'argent comme toutes les autres commodités, changent toujours de valeur plus ou moins rapidement.

80. Monnaie métallique.

Presque tous les métaux communs, le cuivre, le fer, l'étain, le plomb, etc., ont été employés pour faire de la monnaie à différentes époques, sans compter divers alliages, tels que le laiton, le potin et le bronze. On a trouvé cependant, que le cuivre, l'argent et l'or étaient de beaucoup préférables à tous les autres métaux. Le cuivre, ayant une valeur relativement faible, est peu portatif. C'était autrefois la seule monnaie de la Suède et j'ai vu une ancienne pièce de ce pays qui consistait en une plaque de cuivre d'environ deux pieds de long sur un de large. Le marchand qui avait à faire un paiement avec une pareille monnaie, devait la transporter dans une brouette. Nous n'employons aujourd'hui le cuivre que pour les pièces de petite valeur et pour le rendre plus dur, on le convertit en bronze en y mêlant de l'étain.

A l'époque saxonne, la monnaie anglaise était toute en argent, mais c'était un inconvénient à la fois pour les très grands et les très petits paiements. La meilleure méthode est d'employer la monnaie d'or, d'argent et de bronze suivant que chacune convient. Dans le système monétaire anglais, l'or est la monnaie étalon et la seule dont le cours soit légal, c'est-à-dire que personne ne peut être forcé de recevoir une forte somme de monnaie en tout autre métal. Celui qui doit cent livres, ne peut se libérer de sa dette sans offrir cent pièces d'or à son créancier. Le cours des pièces d'argent .n'est légal que jusqu'à quarante shillings, c'est-à-dire qu'aucun créancier n'est obligé d'en recevoir pour plus de quarante shillings en un seul paiement. De même le cours des pièces de bronze n'est légal que jusqu'à un shilling.

81. Qu'est-ce qu'une livre sterling ?

Le peuple anglais paie et reçoit continuellement de la monnaie en livres et cependant peu de personnes pourraient dire exactement ce que c'est qu'une livre sterling. Sans doute elle est représentée par une pièce appelée « souverain », mais qu'est-ce qu'un souverain ? Strictement parlant, un souverain est une pièce d'or frappée, d'après un Acte du Parlement, dans une Monnaie anglaise, portant encore la marque authentique de cette Monnaie et ne pesant pas moins de cent vingt-deux grains et demi. En moyenne, les souverains sortant de la Monnaie doivent peser cent vingt-trois grains deux cent soixante-quatorze, mais il est impossible de donner à chaque pièce ce poids exact, et d'ailleurs l'usure l'aurait vite modifié. Le souverain a cours légal pour une livre tant qu'il pèse cent vingt-deux grains et demi ou plus, et que sa marque n'est pas effacée. Le public a d'ailleurs l'habitude de donner et de recevoir des souverains qui pèsent plusieurs grains de moins que le poids légal.

La loi oblige d'accepter vingt shillings d'argent comme équivalent d'une livre. La chose est nécessaire pour le paiement des fractions, car une pièce d'or, égale à la vingtième partie d'une livre serait bientôt égarée ou entièrement usée. L'argent des vingt shillings n'a cependant pas la même valeur que l'or d'une livre. Sa valeur varie avec le prix en or de l'argent, et actuellement vingt shillings ne représentent qu'environ seize shillings d'or et huit pence, c'est-à-dire les cinq sixièmes d'une livre. On est obligé de donner aux pièces d'argent une valeur moindre que celle qu'elles sont censées posséder pour que personne n'ait d'intérêt à les fondre. Pour la même raison le métal, dans un penny en bronze ne vaut que la sixième partie d'un penny, de sorte qu'on perdrait beaucoup à fondre ou à détruire ces pièces.

82. Circulation en papier.

Au lieu d'employer de véritables pièces d'or, d'argent, ou de bronze, on fait communément usage de billets portant promesse de payer de la monnaie. Quand la somme est considérable, un billet de banque est beaucoup plus commode que la monnaie, parce que son poids est beaucoup moindre, et qu'il a moins de chances d'être volé. Un billet de banque de cinq livres est une promesse de payer cinq livres à toute personne qui a le billet en sa possession et qui le présentera en échange à la banque qui l'a émis. Le billet convertible est celui qu'on peut réellement échanger contre de la monnaie dés qu'on le désire, et aussi longtemps que cette condition est réalisée, il est évident que le billet a tout autant de valeur que les pièces et qu'il est plus commode. La seule crainte que l'on puisse avoir est que le banquier qui a émis ces billets n'ait pas toujours assez de monnaie pour les rembourser quand on les lui présentera. Très souvent, des banques ont été obligées de suspendre leurs paiements, c'est-à-dire de manquer à leurs engagements.

Néanmoins, quand aucune autre circulation n'est possible, les billets de banque remplacent souvent la monnaie. On les appelle alors billets inconvertibles ou papier-monnaie. Chacun consent à recevoir ces billets en échange de marchandises s'il croit que d'autres personnes les accepteront de sa part, mais, cette circulation en papier n'en est pas moins très mauvaise parce que sa valeur varie avec les quantités émises. Certaines gens peuvent ainsi payer leurs dettes avec une valeur plus faible que celle qu'ils ont reçue. La question des billets de banque et .du papier-monnaie est trop difficile pour que nous l'examinions dans ce livre.

Chapitre XIII : Crédit et banque

83. Qu'est-ce que le crédit ?

Il est très important pour ceux qui veulent apprendre l'économie politique, de saisir exactement ce qu'on entend par crédit. On dit que Jean accorde du crédit à Thomas quand Jean abandonne à Thomas l'usage d'une partie de sa propriété, comptant qu'il la lui rendra dans un temps donné. En un mot, toute personne qui prête une chose donne du crédit, et celui qui l'emprunte obtient du crédit. Le mot crédit signifie confiance et Jean croit que Thomas lui rendra sa propriété, ce qui malheureusement n'arrive pas toujours. Jean est le créancier et Thomas le débiteur.

Dans la plupart des cas, on n'emploie pas le mot de crédit. Quand un homme emprunte un cheval, un livre, une maison, une machine, quelque objet enfin et qu'il paie pour s'en servir, on dit qu'il le loue et ce qu'il paie s'appelle prix de location, loyer ou rente. Dans certains pays, où on n'emploie pas encore la monnaie, le peuple prête et emprunte du blé, de l'huile, du vin, du riz, enfin toute commodité courante que tout le monde aime à posséder. Dans les parties de l'Afrique où on produit l'huile de palme en grande abondance, le peuple donne et obtient du crédit en huile.

Mais dans tous les pays civilisés, c'est devenu l'habitude de prêter et d'emprunter de l'argent. Si quelqu'un désire une machine et n'a rien pour l'acheter, il va emprunter de l'argent à la personne qui le lui prêtera aux meilleurs termes, et il achète la machine où elle lui coûte le moins. Souvent aussi celui qui vend la machine donne crédit pour son prix, c'est-à-dire qu'il prête à l'acheteur assez d'argent pour l'acheter.

Le crédit est une chose très importante, car, bien employé, il place la propriété dans les mains de ceux qui la feront le mieux valoir. Beaucoup de gens ont une certaine propriété, qui sont incapables de se mêler d'affaires ; tel est le cas des femmes, des enfants, des vieillards, des invalides, etc. Quelquefois les riches ont tant de propriétés qu'ils se soucient peu de s'engager dans les affaires, si d'autres veulent le faire pour eux. Ceux mêmes qui s'en occupent possèdent souvent des sommes d'argent dont ils n'ont pas immédiatement besoin et qu'ils prêtent volontiers à court terme. D'un autre côté, il y a beaucoup d'hommes habiles et actifs, qui pourraient établir des manufactures, creuser des mines, faire du commerce, s'ils avaient seulement assez d'argent pour acheter les matériaux nécessaires, les outils, les bâtiments, les terrains, etc.

William Stanley Jevons

Un homme, pour obtenir du crédit, doit déjà posséder quelque propriété, mais avec cette réserve en cas de besoin, avec une bonne réputation d'honnêteté et de capacité, le commerçant peut toujours se procurer les capitaux nécessaires.

84. Prêts sur hypothèques.

Le crédit s'accorde de beaucoup de manières différentes ; quelquefois une personne est aidée par un prêt permanent que lui fait un parent ou un ami qui a confiance en elle. Des sommes énormes se prêtent, comme on dit, sur hypothèque. Celui par exemple, qui a construit une filature de coton avec son propre argent, donne cette filature en garantie d'un emprunt, c'est-à-dire qu'il laisse le droit au créancier de la vendre si la dette n'est pas payée en temps voulu. On dit alors que la filature est donnée en hypothèque.

Beaucoup d'institutions, telles que les compagnies d'assurances, les sociétés de constructions, etc., prêtent de grands capitaux sur hypothèque et beaucoup de riches placent leur argent de la même façon. Une grande partie des maisons, des terres, des fabriques, des boutiques, etc., n'appartiennent pas en réalité à leurs possesseurs apparents, mais bien aux prêteurs hypothécaires qui ont engagé de l'argent sur ces biens. En général, l'intérêt, pour ces emprunts, est de $4^{1/2}$ à 5 pour cent par an, quand la garantie est tout à fait bonne, c'est-à-dire quand on est certain que le produit de la vente de la propriété dépassera l'emprunt. On laisse toujours une marge considérable pour couvrir les erreurs d'évaluation ou les changements de valeur. Ainsi, une maison qui passe pour avoir une valeur de 1000 livres, ne servira de garantie que pour 700 ou 800 livres. Quand la garantie est moins sûre, parce que le droit de propriété n'est pas certain ou que la valeur est douteuse, le taux de l'intérêt est plus élevé et peut atteindre six ou sept pour cent et même davantage. Le surplus couvre les risques, c'est-à-dire qu'il compense pour le prêteur la chance de perdre ce qu'il a avancé. Les prêts sur hypothèque sont généralement faits sur du capital fixe, comme des maisons, des fabriques, des navires, etc., qui durent longtemps, mais quelquefois aussi des stocks de marchandises, telles que du coton, du vin, des grains, etc., sont hypothéqués en garantie d'emprunts temporaires.

85. Banque.

Une grande partie du crédit, dans un pays civilisé, est accordée par les banquiers qui, peut-on dire, spéculent sur le crédit ou, si l'on veut, sur la dette. Un banquier mène ordinairement de front trois ou quatre espèces d'opérations, mais sa vraie fonction est d'emprunter de l'argent à certaines personnes pour le prêter à celles qui en ont besoin pour acheter des marchandises.

Quand un commerçant vend son stock de marchandises, il reçoit de l'argent en retour, argent dont il n'a pas immédiatement besoin, tant qu'il n'achète pas un nouveau stock. Ceux qui reçoivent des appointements, des dividendes, des rentes ou d'autres revenus périodiques, ne les dépensent pas d'ordinaire en une seule fois. Au lieu de garder cet argent chez eux, où il ne rapporte aucun intérêt, où il peut être volé, égaré ou brûlé, ils préfèrent, avec beaucoup de raison, le déposer dans une banque, en d'autres termes, le prêter à un banquier qui sera tenu de le leur rendre quand ils en auront besoin. En général, les marchands, les manufacturiers, les négociants envolent chaque jour a leur banquier l'argent qu'ils ont reçu, et ne gardent chez eux que quelques livres pour le change et les petits paiements.

Voici les avantages principaux qui nous engagent à déposer ainsi notre argent dans les banques :

1° L'argent est en sûreté, car le banquier renferme dans des coffres-forts bien fermés et gardés la nuit ;

2° Le remboursement est facile à l'aide de chèques ou d'ordres écrits autorisant les personnes qui y sont nommées à demander au banquier une somme spécifiée ;

3° Le banquier accorde habituellement quelque intérêt pour l'argent qui lui est confié.

Les dépôts se font dans différentes conditions. Quelquefois, le client s'engage à prévenir sept jours d'avance pour retirer son dépôt ; dans d'autres cas, l'argent est prêté au banquier pour un, trois ou six mois et l'intérêt est d'autant plus fort que le dépôt est fait pour plus longtemps.

Une grande quantité d'argent se dépose en compte courant, c'est-à-dire que le client place son argent à la banque, et l'en retire quand il veut, sans avertissement. Dans ce cas l'intérêt est faible et même nul parce que le banquier doit garder une grande partie de l'argent à la disposition de ses clients, sans savoir quand ils en auront besoin.

Néanmoins, tandis que quelques déposants retirent leur argent, d'autres en apportent, et il est fort improbable que les milliers de clients d'une banque importante aient tous besoin en même temps de leurs dépôts. Il en résulte que le banquier, en plus de son capital propre, a toujours sous la main des sommes considérables, dont il tire profit en les prêtant à d'autres clients en quête de crédit.

Le banquier dispose ses prêts de différentes manières. Quelquefois, comme nous l'avons déjà montré, il prête sur l'hypothèque de maisons, de marchandises, d'actions de chemin de fer et de fonds publics, mais il ne peut employer à cet usage une grande partie de ses fonds à cause de la difficulté de rentrer en leur possession au moment où il en a besoin. Une des manières les plus simples de prêter l'argent est de permettre aux clients de dépasser leur crédit, c'est-à-dire de tirer de la banque plus d'argent qu'ils n'en ont déposé. Naturellement le banquier doit pour cela avoir grande confiance en son client, et recevoir des garanties soit de ce client lui-même, soit de ses amis.

86. Escompte.

Le moyen le plus répandu et le plus convenable pour un banquier de donner du crédit et d'employer ses fonds, est d'escompter les billets, c'est-à-dire d'avancer de l'argent en échange d'une promesse définie de le rembourser à une époque fixée. Supposons que John Smith a vendu pour un millier de livres d'articles de coton à Thomas Jones, un boutiquier ; plusieurs mois se passeront peut-être avant que John ne puisse revendre ces marchandises et s'il ne possède pas grand capital, il s'entend avec John Smith pour obtenir crédit des mille livres. John Smith alors tire un billet sur Jones, billet conçu à peu près de cette façon :

Londres, 1er février 1878.

Bon pour £ 1000

A trois mois, payez en mes mains ou à mon ordre la somme de mille livres, valeur reçue.

JOHN SMITH.

A M. Thomas Jones.

On dit alors que John Smith est le tireur du billet et Thomas Jones le tiré ; cela équivaut à l'affirmation, de la part de John Smith, que Thomas Jones lui doit la somme indiquée. Si le tiré reconnaît qu'il en est ainsi, il l'indique, quand on lui présente le billet, en écrivant au dos le mot « accepté», avec son nom.

Si maintenant, le tireur et le tiré sont des personnes d'un bon crédit, le banquier escomptera promptement un tel billet, c'est-à-dire qu'il le rachètera pour la somme due, en en retranchant l'intérêt à cinq pour cent pour le temps que le billet a encore à courir. Le billet est une bonne sûreté, parce que une fois qu'il est accepté, John Smith est tenu de payer les mille livres à l'échéance, sous peine de poursuites.

Ce genre de billet est souvent racheté par plusieurs personnes successivement, qui l'endossent, c'est-à-dire qui y inscrivent l'ordre de payer la somme à la dernière personne nommée. À l'échéance, le dernier possesseur doit réclamer l'argent à John Smith. Si celui-ci refuse de payer, chaque endosseur peut demander le remboursement à ceux qui l'ont précédé.

Chapitre XIV : Cycles de crédit

87. L'industrie est périodique.

Chacun devrait comprendre que le commerce varie en activité, de temps en temps, d'une manière périodique. On dit qu'une chose varie périodiquement lorsqu'elle va et vient à des intervalles presqu'égaux, comme le soleil, ou qu'elle monte et descend comme les marées. Or, dans l'industrie, comme M. William Langton l'a fait voir il y a vingt ans, on voit se succéder des marées presqu'aussi régulières que celles de la mer.

Shakespeare dit avec vérité :

Il y a dans les affaires humaines une marée

Qui, prise au flot montant, conduit à la fortune.

Quelques-unes de ces oscillations dépendent des saisons de l'année ; les affaires sont plus actives au printemps et en été, pour retomber en hiver. Il est relativement facile d'emprunter de l'argent en Janvier, Février, Mars, Juin, juillet, Août et Septembre. Octobre et Novembre sont particulièrement mauvais. Le taux de l'intérêt s'élève souvent alors rapidement et les banqueroutes pendant ces derniers mois sont plus nombreuses qu'à aucune autre époque de l'année. Avril et Mai sont aussi des mois dangereux mais à un moindre degré, et préparés d'avance, ils peuvent échapper au désastre.

Il y a aussi dans les affaires une marée beaucoup plus longue, qui prend d'ordinaire environ dix ans pour monter et descendre. La cause n'en est pas bien connue, mais il est hors de doute qu'en certaines années les hommes se montrent confiants et pleins d'espérances. Ils pensent que le pays va devenir très prospère et que, s'ils placent leurs capitaux dans de nouvelles manufactures, dans des banques, des chemins de fer, des navires ou autres entreprises nouvelles, ils réaliseront de grands profits. Quand un certain nombre de personnes conçoivent cet espoir, les autres ne tardent pas à les suivre, de même que dans une société quelques personnes gaies amènent la joie sur tous les visages. Ces espérances s'étendent peu à peu à toutes les branches du commerce. Les habiles proposent alors des plans de nouvelles entreprises, de nouvelles inventions et ils trouvent rapidement des capitalistes pour souscrire des parts. Cela encourage d'autres spéculateurs à émettre d'autres propositions, et aussitôt que les actions de quelques compagnies ont monté, on suppose que les autres vont faire de même. Les plans les plus absurdes trouvent des défenseurs dans ces temps de grandes espérances et on en arrive ainsi à ce qu'on appelle « la fièvre commerciale ».

88. Fièvres commerciales.

Quand les plans mis en avant pendant la fièvre commencent à s'exécuter, il faut de grandes quantités de matériaux pour les constructions et le prix de ces matériaux s'élève rapidement. Les ouvriers qui les produisent gagnent alors de hauts salaires et les dépensent en surcroît de bien-être, en plaisirs, en achats plus considérables d'habits neufs, de meubles, etc. Pour cette cause, la demande de ces articles s'accroît et les commerçants font de grands profits. Même quand il n'y a pas de raison suffisante, le prix des autres produits s'élève d'habitude, comme on dit, par sympathie, parce que ceux qui en trafiquent, pensent que leurs marchandises s'élèveront comme les autres, et qu'ils achètent des stocks dans l'espoir d'en tirer profit. Chaque commerçant veut alors acheter, parce qu'il croit que les prix s'élèveront de plus en plus et que, en vendant au bon moment, la perte résultant de toute baisse subséquente retombera sur les autres.

Cet état de choses, cependant, ne peut durer très longtemps. Ceux qui ont souscrit des parts dans les compagnies nouvelles ont à effectuer les versements, c'est-à-dire à trouver le capital qu'ils ont promis. Ils sont obligés de retirer l'argent qu'ils avaient autrefois déposé dans les banques, ce qui fait que les banquiers en ont moins à prêter. Les manufacturiers, les marchands, les spéculateurs qui font ou achètent de grands stocks de marchandises veulent emprunter de plus en plus afin d'agrandir leurs affaires et vraisemblablement leurs profits. Alors, suivant les lois de l'offre et de la demande, le prix de l'argent s'élève, ce qui signifie que le taux de l'intérêt, pour les courts emprunts d'une semaine à trois ou six mois, s'accroît. La fièvre va croissant, jusqu'à ce que les spéculateurs les plus aventureux ou les moins scrupuleux en arrivent à avoir emprunté beaucoup de fois autant d'argent qu'ils n'en possèdent réellement. On dit alors que le crédit est fort étendu et une maison qui peut-être ne possède qu'un capital de 10 000 livres, se trouvera obligée d'en payer deux ou trois cent mille, pour les marchandises qu'elle a achetées par spéculation.

Cette élévation subite qui, tôt ou tard, se produit dans le taux de l'intérêt est très désastreuse pour les spéculateurs. Quand ils commencèrent à spéculer, l'intérêt peut-être n'était que de 2 ou 3 pour cent, mais quand il en arrive à 7 ou 8 pour cent, il est à craindre qu'une grande partie du profit ne s'en aille en intérêts à payer au prêteur du capital. En outre, ceux qui ont prêté l'argent, en escomptant les billets ou en faisant des avances sur la garantie des marchandises, s'inquiètent de leur recouvrer. Les spéculateurs sont ainsi forcés à la fin de commencer à vendre leurs stocks au meilleur prix possible.

Aussitôt que quelques personnes commencent à vendre de cette façon, d'autres possesseurs de marchandises pensent qu'il vaut mieux s'en débarrasser avant que les prix ne tombent sérieusement. Il se produit alors une presse soudaine pour vendre et le public, alarmé, refuse d'acheter, si ce n'est à prix fort réduits. Les mauvais spéculateurs se trouvent alors incapables de maintenir leur crédit, parce que, s'ils vendent leurs forts stocks avec une perte considérable, leur capital propre et réel sera tout à fait insuffisant pour couvrir cette perte. Ils sont ainsi incapables de faire face à leurs engagements, ils suspendent leurs paiements, en d'autres termes ils font banqueroute.

C'est là une fort triste chose pour les autres personnes, les manufacturiers par exemple, qui ont vendu à crédit aux banqueroutiers ; ils ne reçoivent pas l'argent sur lequel ils comptaient et comme eux-mêmes peut-être ont emprunté pour fabriquer les marchandises, ils sont aussi amenés à la banqueroute. Le discrédit s'étend de la sorte et les maisons même qui n'avaient emprunté que des sommes modestes, en proportion avec leur capital, sont en danger de faillir.

89. Crises commerciales.

L'état de choses que nous venons de décrire s'appelle crise commerciale, la crise étant, dans l'espèce, ce moment dangereux et décisif qui doit désigner ceux que frappera la banqueroute et ceux qu'elle épargnera. Cette crise est signalée par la chute soudaine des prix, du crédit, et des entreprises.

Aussitôt qu'elle est arrivée, tout change. Personne ne se hasarde plus à proposer de nouveaux projets ou la création de compagnies nouvelles, parce qu'il sait que tout le monde en général éprouve de grandes difficultés à faire face aux engagements pris. La fièvre tombe enfin, et il se trouve que beaucoup des entreprises dont on attendait de si grands profits sont d'absurdes méprises. On proposait de faire des chemins de fer où il n'y avait rien à transporter de creuser des mines où il n'y avait ni houille ni métaux, de construire des navires qui ne pouvaient marcher. Tous ces plans impraticables doivent être abandonnés et le capital qu'on y a mis est perdu.

Non seulement cette chute ruine les souscripteurs de ces entreprises, mais elle est cause que leurs ouvriers se trouvent sans emploi. Les projets les meilleurs s'exécutent, il est vrai, et pendant une année ou deux ils donnent de la besogne aux constructeurs, aux métallurgistes, à tous ceux enfin qui fournissent les matériaux. Peu à peu cependant, ces entreprises s'achèvent et personne ne s'aventure à en proposer de nouvelles ; les gens sont effrayés par ces pertes, par les banqueroutes et les fraudes révélées par la débâcle, et quand une fois quelques personnes sont effrayées les autres le deviennent bien vite, également par sympathie. Dans cet ordre de choses, les gens d'affaires ressemblent fort à un troupeau de moutons, qui se suivent sans trop savoir pourquoi. En un an ou deux, le prix du fer, du charbon, du bois, etc., est réduit au plus bas point : de grandes pertes sont subies par ceux qui créent ou vendent ces matériaux et beaucoup d'ouvriers se trouvent sans ouvrage. Les classes ouvrières ont alors moins à donner au luxe et la demande des autres marchandises décroît. Le commerce subit une dépression générale; beaucoup de personnes se trouvent dans la pauvreté, ou dépensent les épargnes accumulées pendant les années précédentes.

Cet état de choses peut durer deux ou trois ans, jusqu'à ce que les spéculateurs aient commencé à oublier leurs déconvenues, ou qu'une autre génération, plus jeune, ignorante de ces désastres, croie entrevoir des profits nouveaux. Pendant cette période de dépression, les gens riches qui ont plus de revenus qu'ils n'en dépensent, les placent dans les banques. Les hommes d'affaires qui écoulent leurs stocks, laissent également dans les banques l'argent qu'ils reçoivent; ainsi, par degrés, le capital devient abondant et le taux de l'intérêt s'abaisse. Après un certain temps les banquiers, si prudents au moment de la crise, trouvent nécessaire de prêter leurs fonds qui s'accumulent, et le crédit s'améliore. Ainsi commence un nouveau cycle de crédit, qui probablement suivra le même cours que le précédent.

90. Les crises commerciales
sont périodiques.

Ce serait une chose fort utile que de pouvoir prévoir l'approche d'une « fièvre » ou d'une crise, mais il est évidemment impossible de prédire ces choses avec certitude. Toutes sortes d'événements, - guerres, révolutions, découvertes nouvelles, traités de commerce, bonnes ou mauvaises récoltes, etc. – peuvent venir accroître ou diminuer l'activité du commerce. Néanmoins, il est étonnant de constater le nombre de fois qu'une crise est survenue environ dix ans après la précédente.

Pendant le siècle dernier, alors que le commerce était si différent de ce qu'il est aujourd'hui, il y eut des crises en 1755, 1765, 1772 ou 73, 1783 et 1793. Dans le siècle présent, on en constate en 1815, 1825, 1836-39, 1847, 1857, 1866 et probablement il y en aurait eu une en 1876 ou 1877 sans la dépression exceptionnelle de 1873 en Amérique. Nous voyons en ce moment (Février 1878) la grande crise qui marque l'achèvement d'un cycle et le commencement du suivant.

Les bonnes vendanges sur le continent d'Europe et les sécheresses dans l'Inde reviennent tous les dix ou onze ans, et il semble probable que les crises commerciales sont reliées à une variation périodique du temps, affectant toutes les parties du globe, et qui provient sans doute d'un accroissement dans les ondes de chaleur reçues du soleil, à des intervalles moyens de dix années et une fraction. Une provision plus grande de chaleur augmente les récoltes, rend le capital plus abondant et le commerce plus lucratif et aide ainsi à créer ces espérances d'où sort la « fièvre ». Une diminution dans la chaleur du soleil amène de mauvaises récoltes, et dérange beaucoup d'entreprises dans les différentes parties du monde. On peut alors prévoir la fin de la fièvre et une crise commerciale.

Généralement, un cycle de crédit, comme l'a désigné M. John Mills de Manchester, dure environ dix ans. Les trois premières années verront un commerce déprimé, avec manque d'emploi, prix sans fermeté, faibles intérêts, grande pauvreté. Il y aura peut-être alors trois années de commerce actif et solide, avec des prix qui s'élèvent modérément et un crédit qui s'améliore. Viennent ensuite quelques années de commerce excité à outrance, tournant à la fièvre ou à la folie et finissant par une débâcle, comme nous l'avons déjà montré. Ce désastre occupera la dernière des dix années, de sorte qu'on peut, en moyenne, représenter ainsi le cycle de crédit :

Années:

1	2	3	4	5	6	7	8	9	10
Commerce languissant				Commerce actif		Commerce excité		Fièvre	Chute

On ne doit pas supposer que les choses se passent aussi régulièrement que nous l'établissons ici; quelquefois le cycle ne dure que neuf ou même huit ans au lieu de dix. Des fièvres et des crises moins graves surviennent parfois dans le cours du cycle et troublent la régularité. Néanmoins il est merveilleux de voir avec quelle fréquence la grande débâcle arrive à la fin du cycle, en dépit de la guerre ou de la paix et des autres causes qui peuvent intervenir.

91. Comment se garder des crises.

Ces fièvres et ces crises sont très désastreuses; elles causent la ruine de beaucoup de personnes et bien peu de familles les traversent sans y perdre d'argent. Les classes ouvrières sont souvent les plus atteintes. Une foule d'ouvriers se trouvent sans emploi et les autres ne voyant pas pourquoi leurs salaires seraient réduits, aggravent leur situation par des grèves, qui après une crise, ne peuvent jamais réussir. Il est par conséquent très important que tout le monde - ouvriers, capitalistes spéculateurs, tous ceux enfin qui touchent aux affaires - se rappelle qu'un commerce très prospère doit être nécessairement suivi d'une réaction et d'un commerce difficile.

William Stanley Jevons

Aussi, quand la situation semble particulièrement favorable, doit-on être exceptionnellement prudent dans le placement de son argent. En général, c'est une folie de faire justement ce que d'autres font, parce qu'on peut être presque certain que trop de gens font la même chose. Si, par exemple, le prix des houilles s'élève, et que les propriétaires de mines font de grands bénéfices, on peut être sûr que beaucoup de personnes cherchent de nouvelles mines. Un pareil moment est le pire de tous pour acheter des actions dans une mine parce que, en peu d'années, une multitude de mines nouvelles seront ouvertes ; la prochaine crise commerciale diminuera la demande des charbons et il y aura de grandes pertes dans les affaires de houille. C'est ce qui s'est passé dans ces dernières années en Angleterre et la même chose s'est produit à plusieurs reprises dans les autres commerces. En règle générale le meilleur moment pour fonder une fabrique, une mine, une affaire nouvelle de n'importe quelle espèce, c'est celui où le commerce languit, où les salaires et l'intérêt sont bas. Les puits, les bâtiments, tous les travaux peuvent alors se faire à meilleur compte qu'en autre temps et les nouveaux chantiers se trouvent prêts juste au moment où les affaires redeviennent actives et que peu d'ateliers nouveaux sont en mesure de s'ouvrir..

Cette règle ne s'applique pas aux faiseurs de plans, aux spéculateurs ou aux promoteurs, comme on les appelle, qui lancent tant de compagnies. L'affaire de ces gens est d'avoir de nouveaux plans, de nouvelles actions à offrir juste au moment où le public est en humeur de les acheter, c'est-à-dire pendant « une fièvre, une période de commerce excité ». Ils ont soin de vendre leurs propres actions avant que la débâcle n'arrive, et ce sont leurs dupes qui supportent toute la perte. Un homme prudent, par conséquent, ne doit jamais s'intéresser dans aucune affaire nouvelle dans ces moments de folie commerciale ; au contraire, il doit vendre toutes ses valeurs douteuses ou de spéculation, quand les prix sont élevés et les placer dans les meilleurs fonds publics dont la valeur ne peut tomber beaucoup pendant la prochaine crise. Les hommes les plus sages se sont laissés aveugler pendant ces périodes de folie. On montre à la Bibliothèque de la Société Royale une lettre de sir Isaac Newton demandant à un ami de lui acheter des actions de la Compagnie de la mer du Sud, et cela juste au moment où la Compagnie de la mer du Sud était en pleine débâcle. Que le public soit mis sur ses gardes par l'exemple de Newton et ne spécule jamais sur une chose parce que d'autres personnes le font. Les folies et les débâcles disparaîtront alors ou deviendront moins désastreuses. Les cycles de crédit se dérouleront jusqu'à ce que le public ait appris à les prévoir et à agir en conséquence.

Les hommes d'affaires doivent se montrer hardis quand le commerce est abattu, prudents quand il est excité, au lieu d'agir exactement de façon opposée. La connaissance seule de ces cycles de crédit peut en prévenir le retour et c'est pourquoi je me suis tant étendu sur ce chapitre.

Chapitre XV : Fonctions gouvernement

92. Les fonctions nécessaires
et les fonctions facultatives

92. Fonction veut dire exécution (du latin *fungi, functus*, accomplir), et l'on entend par fonction du gouvernement ce qu'il doit faire - les devoirs qu'il doit remplir, les services qu'attend de lui le peuple gouverné. Elles sont ordinairement divisées en deux classes :

1° Les fonctions nécessaires

2° Les fonctions facultatives.

Les fonctions nécessaires d'un gouvernement sont celles qu'il est obligé de remplir. Ainsi, il doit défendre la nation contre ses ennemis extérieurs, assurer la tranquillité à l'intérieur, prévenir les insurrections qui pourraient mettre en danger l'existence du gouvernement lui-même ; il doit aussi punir les malfaiteurs qui désobéissent aux lois et essaient de s'enrichir par le vol, et maintenir les tribunaux où viennent se régler les différents de ses sujets. Ce ne sont là que quelques-unes des nombreuses fonctions nécessaires.

Les fonctions facultatives sont celles que le gouvernement peut remplir avec avantage, comme d'établir une bonne circulation monétaire, de décréter un système uniforme de poids et mesures, de construire et d'entretenir les routes, de transporter les lettres à l'aide d'une administration des postes nationales, de fonder un observatoire et un bureau météorologique, etc. Les fonctions facultatives sont en réalité très nombreuses, et il n'est pour ainsi dire pas de limite aux choses que les divers gouvernements ont assurées au peuple. Ce serait un travail fort important, s'il était possible, de déterminer exactement les entreprises dont le gouvernement doit se charger et celles qu'il doit laisser à l'initiative privée, mais on ne peut établir aucune régie précise à ce sujet. Le caractère, les habitudes, les conditions d'existence des nations diffèrent tellement, que ce qui est bon dans un cas peut être mauvais dans un autre.

En Russie, le gouvernement construit tous les chemins de fer et il en est de même en Australie, mais il ne s'ensuit pas pour cela que parce que ce système est nécessaire ou avantageux dans ces pays, il doive en être de même en Angleterre, en Irlande ou aux États-Unis. L'expérience montre qu'en Angleterre, où pourtant le bureau des postes donne de grands bénéfices, le bureau des télégraphes n'a pu jusqu'à présent couvrir ses frais. Il est évident qu'il serait tout à fait ruineux de placer l'immense réseau des chemins de fer anglais sous la direction d'agents du gouvernement. Chaque cas doit être ainsi jugé sur ses propres mérites et tout ce que peut faire l'économiste, est d'indiquer les avantages et les inconvénients généraux de l'intervention du gouvernement.

93. Avantages de l'action du gouvernement.

Il y a souvent une économie immense à posséder un établissement unique qui fasse une certaine espèce de travail pour le pays tout entier. Par exemple le bureau météorologique de Londres reçoit chaque jour des indications télégraphiques du temps de tous les points du royaume et d'une grande partie de l'Europe ; en combinant et en comparant ces rapports, il peut se faire une opinion beaucoup plus fondée sur le temps prochain que ne le pourrait un particulier et répandre rapidement cette opinion à l'aide du télégraphe et des journaux. Les quelques mille livres que coûte chaque année au gouvernement le Bureau météorologique ne peuvent entrer en ligne de compte avec les services qu'il rend au public en prévenant les naufrages, les explosions de houillères, et les autres catastrophes qui n'ont souvent pour cause que notre ignorance du temps à venir. Il est donc certainement convenable de faire de l'observation météorologique une des fonctions du gouvernement.

Il résulterait également une grande économie de l'établissement en Angleterre, à l'imitation des postes, d'un service pour transporter les petits paquets. Il existe aujourd'hui un grand nombre de compagnies de ce genre, mais elles sont souvent obligées d'envoyer une voiture à longue distance pour un seul paquet. A Londres, six ou sept compagnies indépendantes envoient leurs voitures parmi l'immense ville ; chacune des principales sociétés de chemins de fer a son système particulier de distribution, imitée en cela par quelques grands magasins. Tout cela occasionne une énorme perte de temps et de force. Si un service postal du gouvernement se chargeait de la besogne, il ne faudrait qu'une seule voiture pour distribuer les paquets dans chaque rue, et comme il y aurait un paquet à peu prés pour chaque maison, souvent plusieurs, il en résulterait une économie presqu'incroyable dans les distances parcourues et le temps dépensé. C'est là un exemple de l'économie que peut réaliser l'action du gouvernement.

94. Les inconvénients.

D'un autre côté, il est fort nuisible que le gouvernement entreprenne une besogne dont pourraient très bien se charger des particuliers ou des compagnies. Les agents de l'État sont rarement mis en disponibilité, ou s'ils le sont, ils reçoivent des pensions, de sorte que le gouvernement, une fois qu'il établit quelqu'entreprise nouvelle, ne peut l'abandonner sans grands frais et continue à l'exploiter qu'elle soit économique ou non. De plus, ses agents, sachant qu'ils ne seront pas congédiés sans pension, sont d'ordinaire moins actifs et moins soigneux que les employés privés, tout en recevant des appointements plus élevés que ces derniers.

Il est donc fort peu à désirer que le gouvernement se charge d'une besogne nouvelle, à moins qu'il ne soit parfaitement clair qu'il la fera beaucoup mieux et à meilleur marché que des particuliers. Il faut faire la balance des avantages et des inconvénients : L'avantage d'un grand établissement unique et de fonds abondants, l'inconvénient, d'occasionner toujours des frais plus élevés. Dans le cas des postes, les avantages surpassent de beaucoup les inconvénients ; il en serait de même probablement pour la poste aux paquets. Pour les télégraphes, il y a beaucoup d'avantages, mais obtenus aux prix de grandes pertes.

Si l'État rachetait et exploitait les chemins de fer anglais; les avantages seraient relativement petits, mais les pertes seraient énormes. En Amérique les compagnies « express » sont si admirablement dirigées qu'elles font la besogne mieux et plus sûrement que la poste officielle. On ne peut guère douter non plus que les chemins de fer et les télégraphes américains ne soient beaucoup mieux dirigés que s'ils étaient repris par le gouvernement fédéral.

Chapitre XVI : Impôts

95. Les impôts sont nécessaires.

Que le gouvernement entreprenne plus ou moins de fonctions, il est certain que nous devons avoir quelqu'espèce de gouvernement et que ce gouvernement dépensera beaucoup d'argent. Cet argent peut très rarement s'obtenir sous forme de profit sur le travail exécuté, de sorte qu'on doit le prélever sous forme d'impôts.

Nous appliquons généralement le nom d'impôts à tout payement exigé des individus en vue des dépenses du gouvernement local ou général. Nous pouvons facilement être imposés sans nous en apercevoir ; ainsi, près de la moitié du penny que nous payons pour le port d'une lettre, n'est qu'un impôt, et une ville peut être imposée dans le prix du gaz ou de l'eau.

Aux différentes époques, dans les différents pays, les impôts ont été prélevés de toutes les manières imaginables. La *Poll tax* imposait la population par tête (*poll*), homme, femme ou enfant. Cette taxe, regardée comme très vexatoire, n'a plus été levée en Angleterre depuis le règne de Guillaume III. La *Hearth tax* frappait d'une contribution tous les foyers (*hearth*) d'une maison ; une famille riche, possédant une vaste demeure et de nombreux foyers payait beaucoup plus qu'une famille pauvre n'ayant qu'un ou deux foyers. Mais comme les gens n'aimaient guère à voir le collecteur pénétrer dans les maisons pour y compter les foyers, on y substitua l'impôt sur les fenêtres, parce que le collecteur pouvait les compter en faisant le tour de la maison. Aujourd'hui, en Angleterre nous n'imposons plus la lumière du ciel et nous fixons les contributions de chacun d'après la rente de sa maison, le montant de son revenu, ou la quantité de vin ou de bière qu'il consomme.

96. Impôts directs et indirects.

Les impôts sont directs quand ils sont payés par la personne qui en supporte réellement le sacrifice. C'est généralement le cas des contributions payées pour les domestiques, les voitures particulières, etc. Comme la plupart des gens n'ont des voitures que pour leur usage personnel, ils ne peuvent reporter sur d'autres personnes le paiement de la taxe. Mais si les rouliers ou les commerçants étaient imposés pour leurs voitures, leurs clients pourraient être sûrs de supporter la dépense ; l'impôt alors ne serait pas direct et c'est pourquoi les voitures qui servent au commerce ne sont pas taxées. On peut compter généralement en Angleterre parmi les contributions directes l'impôt sur le revenu, sur les chiens, la taxe des pauvres, etc. Mais un impôt qui est habituellement direct peut quelquefois devenir indirect, et il est souvent impossible de dire quelle est l'incidence d'un impôt, c'est-à-dire la manière dont il frappe les différentes classes de la population.

Les impôts indirects sont payés en premier lieu par les marchands et les négociants, mais il est admis qu'ils en recouvrent le montant des mains de leurs clients. La principale partie de ces impôts, en Angleterre, consiste dans les droits de douane prélevés t sur le vin, les spiritueux, les tabacs et quelques autres articles quand ils sont importés dans ce pays pour y être consommés. Les droits d'accise sont ceux qu'on prélève sur les mêmes marchandises fabriquées à l'intérieur du royaume. On leur a donné le nom d'accise ou d'excise (du latin *excidere*, couper), parce que c'était autrefois la coutume de prélever comme droit une portion des marchandises elles-mêmes. En Angleterre, l'excise n'atteint plus que quelques articles, entre autres, les alcools et la bière, et on s'efforce de l'égaler autant que possible aux droits de douane qui frappent les mêmes marchandises importées. L'eau-de-vie anglaise paie un droit équivalent à celui qui grève l'eau de vie française et les choses sont arrangées de façon à ce que rien n'encourage ou ne décourage la fabrication anglaise. De cette manière, le commerce reste aussi libre que possible, tout en fournissant à l'État des revenus importants. Une autre source abondante d'impôts indirects est le droit de timbre, c'est-à-dire le paiement exigé des personnes qui passent des actes de diverses espèces. Suivant la loi, les titres, les baux, les chèques, les reçus, les contrats, et beaucoup d'autres documents ne sont légalement valables que s'ils sont timbrés, et le prix du timbre varie d'un penny à des centaines et même des milliers de livres, suivant la valeur de la propriété en question.

Les droits de timbre sont probablement dans la plupart des cas des impôts indirects, mais il serait très difficile de dire qui les supporte réellement ; cela dépend beaucoup des circonstances.

97. Répartition des impôts.

Adam .Smith a le premier indiqué certaines règles ou maximes, qui doivent guider l'homme d'État dans l'établissement des impôts ; elles sont si excellentes que tous ceux qui étudient l'économie politique doivent s'en pénétrer. Voici ces règles :

1° Les sujets d'un État doivent contribuer à soutenir le gouvernement, autant que possible, en proportion de leurs moyens respectifs, c'est-à-dire en proportion du revenu dont, ils jouissent respectivement sous la protection de l'État.

La maxime de l'égalité comme on l'appelle, veut donc que chacun d'une façon ou de l'autre paye une fraction proportionnelle du salaire, des appointements, ou des autres revenus qu'il reçoit. En Angleterre, les impôts s'élèvent environ à dix pour cent et sont à peu près également supportés par les différentes classes de la société. Il est probable, cependant, que les personnes très riches ne payent pas autant qu'elles le devraient. En même temps, ceux qui sont trop pauvres pour payer l'impôt sur le revenu, et ceux qui ne fument ni ne boivent échappent presqu'entièrement aux impôts ; ils ne payent guère que la taxe des pauvres.

Il serait impossible d'inventer aucun impôt qui pèse également sur tout le monde. L'*income tax* ou impôt sur le revenu, prélève tant de pence sur chaque livre de revenu, mais il est impossible de connaître exactement le revenu des gens, et les pauvres ne payeront jamais une pareille taxe. Il est donc nécessaire d'établir un certain nombre d'impôts différents, de façon à ce que ceux qui échappent aux uns soient forcés de payer les autres.

2° L'impôt que chaque individu est tenu de payer doit être certain et non arbitraire. L'époque, le mode, l'importance du payement, tout doit être clair et bien connu. C'est la maxime de la certitude ; elle est très importante, car si la taxe n'est pas connue d'une façon certaine, les collecteurs peuvent opprimer le peuple en lui demandant ce qu'il leur plait. Dans ce cas il est très probable qu'ils se laisseront corrompre et qu'ils recevront de l'argent pour abaisser la taxe. A ce point de vue, les droits ne doivent jamais se prélever d'après la valeur des marchandises, *ad valorem*, comme on dit. Le vin, par exemple, varie immensément de valeur suivant sa qualité et sa réputation, mais il est impossible à l'agent des douanes de dire exactement ce qu'est cette valeur. S'il adopte la déclaration des personnes qui importent le vin, il sera tenté de mentir, et d'adopter une valeur moindre qu'elle ne l'est en réalité. Comme il ne serait pas facile de trouver en faute soit le douanier soit l'importateur, il faut craindre alors que quelques agents ne se laissent corrompre. Mais si le vin est taxé simplement sur sa quantité, le montant des droits est connu avec une [grande certitude et la fraude peut aisément se découvrir. Les mêmes remarques s'appliquent plus ou moins à toute espèce de marchandises dont la qualité varie beaucoup.

3° Chaque impôt doit être levé au moment et de la manière qui convient le mieux au contribuable. C'est la maxime de convenance, et son utilité est évidente. Puisque le gouvernement n'existe que pour le bien du peuple en général, il doit naturellement donner au peuple le moins d'embarras possible et comme ce gouvernement a toujours à sa disposition immensément plus d'argent que les particuliers, il doit s'arranger de façon à demander l'impôt quand il prévoit que l'imposé pourra le payer. Aussi ne voit-on pas suffisamment les raisons qui engagent le gouvernement à réclamer l'*income tax* en janvier, juste au moment où le public a beaucoup d'autres billets à payer.

Suivant cette maxime, les droits de douane et d'accise sont de très bons impôts, parce qu'une personne paye le droit chaque fois qu'elle achète une bouteille de liqueur ou une once de tabac. .Si elle ne veut pas payer l'impôt, qu'elle cesse de boire et de fumer, ce qui probablement vaudra mieux pour elle de toute façon. En tous cas, si elle peut se permettre d'acheter des liqueurs et de fumer du tabac, elle peut aussi donner quelque chose pour les dépenses du gouvernement. A ce même point de vue, le timbre des quittances est aussi un bon impôt, car la personne qui reçoit l'argent peut toujours mettre un penny de côté pour l'état, et elle est généralement si contente de recevoir cet argent qu'elle ne pense guère au penny.

Tout impôt doit être combiné de façon à ne retirer des poches du peuple que fort peu au-delà de ce qui est réellement versé dans le trésor public. C'est la maxime de l'économie. Un impôt ne doit jamais être adopté, s'il exige pour le prélever un grand nombre d'agents, coûtant ainsi beaucoup de ce qu'il rapporte, ou s'il trouble le commerce et fait enchérir les produits. De plus, le gouvernement ne doit faire perdre au peuple ni temps ni argent pour payer l'impôt, ce qui équivaudrait à payer un supplément d'impôt. Sous ce rapport les droits de timbre sont très mauvais, parce que dans beaucoup de cas on doit perdre son temps à porter ses actes et ses autres documents au bureau du timbre ou bien employer des agents pour le faire, ce qui occasionne des frais considérables.

Certains droits de timbre sont si incommodes que dans beaucoup de cas on les néglige et on préfère s'en fier à l'honnêteté de ceux à qui l'on a à faire. Les actes passés n'ont alors aucune valeur légale, et le gouvernement pour un profit de six pence ou d'un shilling, prive pratiquement le peuple de la protection de la loi.

98. Protection et libre échange.

Presque tous les gouvernements ont employé les impôts à différentes époques, dans le but d'encourager l'industrie à l'intérieur du pays. On suppose souvent qu'en empêchant le public d'acheter des marchandises étrangères, il sera forcé d'acheter des marchandises faites dans le pays et qu'ainsi les manufactures continueront à travailler, en donnant beaucoup de besogne aux ouvriers. C'est là une complète erreur, que nous pourrions appeler l'erreur de la protection, mais il n'en est pas moins vrai qu'elle s'empare facilement de l'esprit public. Aucun négociant, aucun manufacturier n'aime à se voir supplanté par ceux qui offrent des marchandises meilleures et à plus bas prix. Aussi quand les produits étrangers sont préférés par les acheteurs, ceux qui fabriquent ces mêmes produits dans le pays, se plaignent-ils amèrement et se réunissent-ils pour persuader au public qu'il est lésé par le commerce étranger. L'orgueil, l'amour propre national est encore si grand, qu'une nation n'aime pas d'entendre dire qu'elle est battue par des étrangers. Les manufacturiers, aveuglés par leur intérêt personnel, usent de toutes espèces de mauvais arguments pour montrer que si on empêchait l'entrée de produits étrangers, ils pourraient bientôt en fabriquer d'aussi bons, employer de nombreux ouvriers et ajouter à la richesse du pays. Ils tombent en réalité dans une erreur que nous avons déjà exposée (paragr.55), en raisonnant comme si le but du travail était de travailler et non de jouir en abondance des nécessités et du confort de la vie.

Il est cependant impossible de nier que certains propriétaires de terres, de mines, d'usines, ne puissent gagner à ce qu'on établisse des droits sur les marchandises étrangères du genre de celles qu'ils produisent. Ceux qui bénéficient déjà de ces droits injustes peuvent aussi, naturellement, souffrir de leur abandon, mais ce que nous avons à considérer, en économie politique, n'est pas l'intérêt égoïste d'une classe en particulier, mais le bien de la population toute entière. Les protectionnistes oublient deux faits ; d'abord que l'objet de l'industrie est de produire beaucoup et à bon marché, et ensuite, qu'il est impossible d'importer des marchandises étrangères à bas prix, sans en exporter d'autres pour les payer.

Nous avons pu déjà nous convaincre qu'on accroît la richesse en la produisant à l'endroit qui convient le mieux. Or, la seule preuve certaine que l'endroit convient est le fait que les commodités qu'on y produit sont bonnes et à bas prix. Si les manufacturiers étrangers peuvent évincer les producteurs du pays, c'est la meilleure preuve, et en réalité la seule concluante, que les choses peuvent se fabriquer avec succès et à meilleur compte à l'étranger. Mais, dira-t-on, qu'adviendrait-il de nos ouvriers, si tout nous venait d'un autre pays ? Un tel état de choses, répondons-nous, ne peut exister. Les étrangers ne penseront à nous envoyer des marchandises qu'autant que nous les paierons, soit avec d'autres produits, soit en argent. Si nous les payons en marchandises, il faudra naturellement des ouvriers pour les fabriquer, et plus nous achèterons au dehors, plus nous devrons produire à l'intérieur, pour l'échange. Ainsi donc, l'achat de marchandises étrangères encourage les manufactures du pays de la meilleure façon possible, parce qu'elle encourage justement les branches d'industrie pour lesquelles le pays est le mieux fait et à l'aide desquelles la richesse est créée le plus abondamment possible.

99. Théorie mercantile.

Peut-être objectera-t-on que les importations ne seront pas payées en marchandises, mais en argent ; le pays alors serait graduellement sevré de sa richesse. Nous nous trouvons ici en présence de l'ancienne erreur de la théorie mercantile qui prétend qu'un pays s'enrichit en y important de l'or et de l'argent. C'est une idée absurde, car nous ne pouvons rien gagner à accumuler des monceaux d'or et d'argent. Loin de là, il en résulte une perte d'intérêt sur leur valeur. Les riches peuvent se permettre d'avoir de la vaisselle précieuse, et le plaisir qu'ils en tirent peut compenser l'intérêt, mais en général posséder plus de monnaie d'or ou d'argent qu'il n'en faut pour les paiements ordinaires du commerce, occasionne une perte sèche d'intérêt. On n'a jamais à craindre non plus que le pays soit entièrement dépouillé de sa monnaie, car si celle-ci devenait rare, sa valeur augmenterait suivant les lois de l'offre et de la demande et le prix des marchandises s'abaisserait. Les importations diminueraient alors, les exportations augmenteraient. Il n'y a qu'un pays comme l'Australie ou l'Amérique du Nord, possédant des mines d'or ou d'argent, qui puisse payer ses importations en monnaie, et dans ce cas il est tout à fait bon qu'il en soit ainsi, le métal étant une commodité que le pays peut produire à bas prix.

L'or et l'argent doivent s'extraire des mines et par conséquent le pays qui veut acheter des marchandises avec de la monnaie doit, ou bien posséder de ces mines, ou bien tirer le métal d'autres pays qui en possèdent. Nous ne pouvons donc importer des commodités étrangères sans produire chez nous des marchandises d'une valeur équivalente pour les payer, ce qui nous montre à l'évidence que le commerce étranger accroît, au lieu de la diminuer, l'activité de l'industrie d'un pays.

100.

Ce livre n'est qu'un abrégé succinct et élémentaire de quelques parties de l'économie politique, et il est évidemment impossible de traiter à fond une pareille science dans ces limites étroites. Nous aurons atteint notre but si nous pouvons persuader aux personnes qui ont commencé leurs études par ce petit traité, de les continuer dans des ouvrages plus importants. Déjà ceux qui nous ont suivi jusqu'ici doivent voir que l'économie politique n'est pas une science impitoyable et triste, comme on l'entend dire. Est-ce une chose triste d'alléger le fardeau du travailleur ou d'étaler sur sa table une nourriture fortifiante ? Sans doute la science est triste en tant qu'elle nous amène à réfléchir sur les misères inutiles qui nous entourent. Il est triste de penser aux centaines de mille de nos semblables qui traînent une vie misérable dans les workhouses, les prisons et les hôpitaux. Les grèves sont tristes, les lock-outs sont tristes, les chômages, les banqueroutes, la cherté du pain, la famine, tout cela est triste, mais l'économie politique en est-elle cause ? Ne s'en fait-on pas une idée plus vraie, quand on la représente comme une science bienfaisante qui, suffisamment, étudiée, ferait disparaître toutes ces tristesses en nous apprenant à employer tous nos efforts à soulager les travaux et les misères de l'humanité ?

Appendice : La lutte des étalons

Cet appendice est extrait du livre de M. Stanley Jevons :
la Monnaie et le mécanisme de l'échange, de la Bibliothèque
scientitique internationale

Depuis que les grandes découvertes d'or en Californie et en Australie ont commencé à changer la valeur de ce métal relativement à l'argent et autres marchandises, on n'a jamais cessé de discuter sur l'unité de valeur ou étalon qui devrait être adopté définitivement. On a vu des partisans de l'étalon d'argent, maintenant suranné, du double étalon, et de l'étalon d'or. Comme nous possédons depuis longtemps en Angleterre un étalon d'or, ces discussions n'ont pour nous qu'un intérêt secondaire, bien qu'on pût composer toute une bibliothèque des livres qui ont été écrits à ce sujet par des économistes distingués de France, de Belgique, d'Allemagne, de Suisse, d'Italie et de Hollande. Les changements opérés dans les monnaies d'Europe depuis 1849 sont considérables. Quelques nations ont plus d'une fois changé toute l'économie de leur système. La Hollande, prévoyant une grande baisse dans la valeur de l'or, adopta l'argent comme étalon unique en 1850. Ce changement ne put s'effectuer qu'avec une perte pécuniaire considérable, et la Hollande, on le comprend sans peine, est encore exposée à de nouveaux embarras et à des dépenses nouvelles, soit qu'elle adopte, comme en Allemagne, un étalon d'or unique, soit qu'elle admette en même temps une monnaie d'argent à cours restreint, comme la Belgique et les autres alliés monétaires de la France.

Depuis le temps de Locke jusqu'à celui de lord Liverpool, les avantages comparatifs de l'or et de l'argent, comme principale mesure de valeur, ont servi de matière à de fréquentes discussions entre les écrivains politiques anglais. Locke et la plupart de nos anciens économistes anglais soutenaient l'argent. Lord Liverpool fit adopter définitivement l'or, et l'opinion actuelle se prononce énergiquement dans le même sens. Plusieurs pays ont changé récemment l'étalon d'argent pour l'étalon d'or, et, depuis l'exemple isolé donné par la Hollande, aucune nation n'a passé de l'or à l'argent. L'Autriche même, qui parait encore rester fidèle à l'étalon d'argent, a fait un pas vers le changement en frappant des pièces d'or de dix et de vingt francs. En effet, on lit ces mots « 10 francs » et « 20 francs » aussi bien que ceux de « 4 gulden » et de « 8 gulden » sur les nouvelles monnaies d'or de l'empire austro-hongrois.

I. Le double étalon.

L'étalon unique d'argent ayant été abandonné dans la pratique pour les monnaies européennes, la lutte s'est engagée plus récemment entre les partisans du double étalon, représenté par la circulation de la France et par la convention monétaire de l'Europe occidentale, et ceux qui soutiennent un étalon d'or combiné avec des monnaies auxiliaires d'argent et de métaux inférieurs, c'est-à-dire un système analogue au système anglais. Les avantages du double étalon ont été développés et défendus avec talent par MM. Wolowski, Courcelle-Seneuil, Léon Say, Prince, Smith et d'autres, tandis que MM. Chevalier, de Parieu, Hendriks, Frère Orban, Levasseur, Feer-Herzog et Juglar, comptaient parmi les principaux partisans de l'étalon d'or. Les ouvrages qu'on a écrits à ce sujet sont nombreux, et rebuteraient la plupart des lecteurs ; mais j'essaierai d'exposer avec brièveté les principaux arguments.

Tout d'abord, je donne pleinement mon assentiment, en théorie, à ce que dit M. Wolowski de l'action compensatrice du système à double étalon. Les écrivains anglais me semblent tomber à cet égard dans une erreur complète, quand ils avancent que ce système nous expose aux fluctuations les plus fortes dans la valeur des deux métaux. Assurément, si l'or ou l'argent ont tous deux cours forcé d'une manière illimitée, il y aura tendance à effectuer les paiements avec celui des deux métaux qui reçoit une valeur exagérée dans le rapport légal de $15^{1/2}$ à 1. C'est seulement quand l'argent au titre vaut exactement 5 shillings et 15/16 de penny par once qu'il est indifférent en France de payer en or ou en argent ; or c'est bien rarement que ce prix exact a été coté sur le marché de Londres dans les trente dernières années. On a donc affirmé que le double étalon n'est pas réellement double, mais que c'est un étalon alternativement d'or et d'argent. Quand l'argent vaut moins de 5 schillings et 15/16 de penny l'once, il devient l'étalon ; quand il s'élève au-dessus de ce prix, c'est l'or qui prend sa valeur comme mesure réelle de valeur.

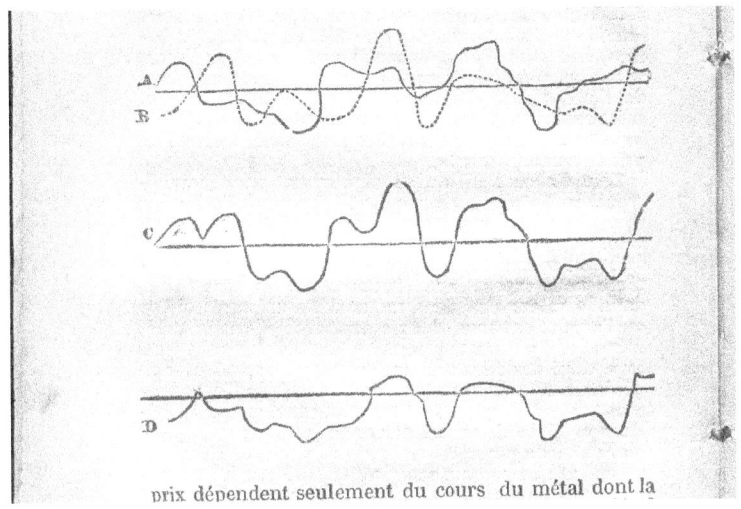

prix dépendent seulement du cours du métal dont la

Jusque-là les économistes anglais ont raison ; mais d'abord il n'en résulte pas que les prix des marchandises suivent, ainsi que plusieurs écrivains l'ont déclaré sans réfléchir assez les écarts les plus considérables dans la valeur relative des deux métaux. Les prix dépendent seulement du cours du métal dont la valeur vient à tomber au-dessous du rapport légal de $15^{1/2}$ à 1. Maintenant si, dans la figure ci-dessus, nous représentons par la ligne A la variation dans la valeur de l'or relativement à celle d'une troisième marchandise, telle que le cuivre, et par la ligne B les variations correspondantes dans la valeur de l'argent, alors, en superposant et combinant ces deux: courbes, la ligne C serait la courbe qui exprimerait les fluctuations extrêmes des deux métaux. Or, l'étalon ou mesure de valeur est toujours le métal dont la valeur est en baisse; donc c'est la courbe D qui montre en réalité les variations de l'étalon. Cette ligne subit sans doute des ondulations plus fréquentes que celles de la courbe de l'or ou de la courbe de l'argent ; mais les fluctuations ont une amplitude moins considérable, et c'est de beaucoup le point le plus important.

II. Action compensatrice
du double étalon.

Ce n'est pas la seule erreur des écrivains anglais. En réfléchissant un peu nous devons reconnaître que MM. Wolowski et Courcelle-Seneuil sont tout à fait dans le vrai quand ils avancent qu'une action compensatrice, est produite par la loi française sur les monnaies, et que cette action tend à donner à la valeur de l'or comme à celle de l'argent plus de stabilité qu'elles ci n'en auraient autrement. Si l'argent dépasse, relativement à l'or, la valeur qui lui est assignée par le rapport de 1 à $15^{1/2}$, il en résulte une tendance à importer de l'or dans le pays qui possède le double étalon, de sorte qu'il peut y être monnayé, s'échanger contre un poids de monnaie d'argent d'une valeur légale équivalente, et s'exporter de nouveau. Et ce n'est pas la théorie seulement qui nous l'indique ; les choses se sont passées ainsi en France jusqu'au moment où la masse principale de la monnaie, qui était surtout composée d'argent en 1849, fut en 1860, composée presque uniquement d'or. La France absorbait en quantités considérables le métal qui était en baisse, et elle émettait le métal en hausse, ce qui avait nécessairement pour effet de maintenir la baisse de l'or et la valeur de l'argent entre des limites qui sans cela auraient été dépassées. Il est clair que, si la valeur de l'or augmentait relativement à l'argent, l'action contraire se produirait : l'or serait absorbé et l'argent mis en liberté. Sans doute, à un moment donné quelconque, l'étalon de valeur est l'un ou l'autre métal, et non tous les deux à la fois; mais le fait même de cette alternance tend à diminuer beaucoup les variations de l'un et de l'autre. Il ne peut empêcher les deux métaux d'augmenter ou de diminuer de valeur relativement aux autres marchandises ; mais il peut affaiblir l'amplitude des variations en les étendant sur une surface plus considérable, au lieu de laisser chaque métal livré à des accidents purement locaux.

Imaginez deux réservoirs d'eau, dont chacun, indépendamment de l'autre, reçoit et distribue le liquide en quantités variables. Si aucune communication n'existe entre eux, le niveau de l'eau dans chacun des réservoirs ne sera sujet qu'à ses propres fluctuations. Mais si nous établissons une communication, l'eau dans les deux réservoirs tendra à prendre un certain niveau moyen, et si l'eau est, d'un côté ou de l'autre, reçue ou dépensée en quantité excessive, l'effet se repartira sur l'aire totale des deux réservoirs. La masse des métaux qui circulaient dans l'Europe occidentale pendant ces dernières années, est exactement représentée par l'eau de ces réservoirs, et le tuyau de communication est la loi du 7 germinal an XI, qui permet à chaque métal de prendre la place de l'autre comme monnaie à cours forcé illimité.

III. Démonétisation de l'argent.

M. Wolowski s'est efforcé de mettre l'Europe en garde contre le danger qu'il y aurait à abroger la loi du double étalon et à démonétiser l'argent. L'Allemagne, en adoptant un étalon d'or, occasionne pour l'or une demande considérable, et en même temps jette sur le marché les pièces d'argent par millions. L'Autriche, le Danemark, la Suède et la Norvège, vont probablement suivre son exemple. Si d'autres pays cherchaient à se pourvoir en même temps d'une monnaie d'or, il est évident que la valeur de l'or tendrait à s'élever relativement à celle de l'argent, qui subirait une dépréciation considérable. Si la France, l'Italie, la Belgique, et d'autres États qui maintenant possèdent, en théorie du moins, le double étalon, laissaient pleine liberté à l'action de leurs lois monétaires, l'argent déprécié affluerait chez eux pour remplacer l'or en hausse, et le changement dans les valeurs des deux métaux seraient ainsi modéré. M. Wolowski assure que si cette action compensatrice est suspendue, et si la démonétisation de l'argent se poursuit, il en résultera nécessairement une hausse désastreuse dans la valeur de l'or devenu ainsi la seule mesure légale de valeur. Toutes les dettes privées et publiques devront, d'après la loi, être payées en or, et toutes les charges s'accroîtront considérablement.

Depuis un ou deux ans déjà, les prédictions deM. Wolowski paraissent se vérifier jusqu'à un certain point. Le prix de l'argent au titre, qui était auparavant de 62 pence 1/2 l'once, est déjà tombé à

57 pence 5/4, quoique la démonétisation de l'argent en Allemagne ne soit effectuée qu'en partie. Tout l'effet des grandes découvertes d'or avait été d'élever le prix de l'argent de 59 pence 5/4 à 62 1/2, pendant que le système du double étalon fonctionnait ; mais depuis que l'on en a suspendu l'action, ainsi que nous le verrons, les opérations de monnayage d'un seul gouvernement peuvent exercer sur le prix du métal une influence plus marquée.

Tout en reconnaissant que les idées de M. Wolowski sont tout à fait irréfutables au point de vue théorique, et qu'elles sont justifiées jusqu'à un certain point par le cours des événements, je ne puis faire autrement que de m'en tenir à l'opinion que j'ai, en 1868, exprimée sur sa demande, et qui a été publiée dans son volume « l'Or et l'Argent » (p. 62).

La question paraît être tout à fait une question de mesure, et faute d'informations précises elle est tout à fait indéterminée. Si toutes les nations du globe voulaient tout à coup et simultanément démonétiser l'argent, pour le remplacer par la monnaie d'or, une révolution dans la valeur de l'or serait inévitable.

Mais M. Wolowski paraît oublier que les nations européennes ne composent qu'une faible partie de la population du globe. Les centaines de millions d'hommes qui habitent l'Inde et la Chine, et d'autres parties des régions orientales et tropicales, emploient des monnaies d'argent, et il n'est nullement à craindre qu'elles opèrent dans leurs habitudes un changement soudain. Le gouvernement anglais a essayé à plusieurs reprises d'introduire une circulation d'or dans ses possessions indiennes, mais il a toujours échoué, et le numéraire en or qui circule actuellement dans ces pays, ne dépasse pas, à ce qu'on suppose, la dixième partie de la circulation métallique. Quoique l'Allemagne, en versant sur le marché quarante ou cinquante millions sterling d'argent, puisse abaisser pour quelques années le prix de ce métal, celui-ci pourra être absorbé graduellement et sans difficulté par les nations orientales, chez lesquelles, depuis deux ou trois mille ans, se dirige un courant incessant de métaux précieux partant de l'Europe. Quand même d'autres nations démonétiseraient l'argent l'une après l'autre, l'Orient serait encore capable d'absorber tout ce qu'on lui enverrait, pourvu que l'opération ne fût pas effectuée avec trop de rapidité.

William Stanley Jevons

Quant à la nécessité de remplacer l'argent par l'or, il n'est pas évident qu'elle doive amener une disette de ce dernier métal. L'adoption de l'étalon d'or n'implique pas nécessairement le monnayage d'une grande quantité d'or, car certains pays, comme la Norvège, l'Italie ou l'Ecosse, peuvent avoir recours au papier pour former presque en entier la masse principale de leur circulation. Dans d'autres pays, comme la France et l'Allemagne, le système des chèques et des virements, que nous examinerons plus loin, peut être graduellement introduit et réduire dans une proportion très notable l'usage de la monnaie métallique. La production de l'or dans les mines est encore très considérable, et rien ne nous dit qu'elle ne sera pas accrue par de nouvelles découvertes dans la Nouvelle-Guinée, l'Afrique du Sud, l'Amérique du Sud et celle du Nord, et ailleurs encore.

En somme donc, le montant de la production et de la demande pour les deux métaux précieux dépend d'une foule d'accidents, de changements, de décisions législatives qu'il est impossible de prévoir avec certitude. Le prix de l'argent a baissé par suite de la réforme de la monnaie allemande, mais il n'est nullement certain qu'il baissera davantage. Qu'une grande hausse se produise dans le prix d'achat de l'or, c'est là une pure hypothèse. Nous ne pouvons que hasarder quelques conjectures à ce sujet, et si j'en voulais hasarder une, je dirais que ce prix ne s'élèvera probablement point. Depuis 1851, l'or n'a pas cessé de baisser, et sans doute des demandes d'or plus considérables ne feraient pas autre chose que ralentir ou tout au plus arrêter le progrès de la dépréciation.

IV. Désavantages du double étalon.

Tandis que les arguments invoqués pour maintenir le système du double étalon ne reposent que sur des hypothèses, les inconvénients de ce système n'ont rien de douteux. Sans doute tant qu'il n'a eu d'autre résultat que de substituer de belles monnaies d'or, napoléons, demi-napoléons et pièces de cinq francs, aux anciens écus d'argent, qui étaient si lourds, il n'y avait pas lieu de se plaindre, et les Français admiraient l'action de leur système compensateur. Mais lorsque, il y a un ou deux ans, il devint évident que la grosse monnaie d'argent revenait, tandis que les monnaies d'or allaient probablement former la monnaie métallique des autres nations, la question prit un autre aspect. En résumé, les Français se sont habitués à l'emploi de l'or, et il n'est pas probable qu'ils veuillent revenir à une monnaie quinze fois aussi lourde et encombrante. En outre, le changement occasionne une perte générale à la communauté, que l'on paie avec un métal dont la valeur est amoindrie ; et une partie du bénéfice est recueillie par les commerçants en métaux, les changeurs, les banquiers, pour qui la loi du 7 germinal an XI crée un commerce factice de monnaies d'or et d'argent. Les hommes d'État des pays qui conservent encore le double étalon doivent avoir reconnu que les autres nations ne montraient aucune tendance à adopter le même système. Si donc la France continuait à agir comme un grand pendule compensateur pour la monnaie, toute la perte et les embarras seraient pour elle, tandis que d'autres nations partageraient avec elle l'avantage qui résulte d'une stabilité plus grande dans la valeur des métaux précieux. Les fondateurs de la Convention Monétaire et les avocats de la Monnaie Internationale n'ont jamais eu l'intention de se sacrifier si complètement pour le bien du monde. Aussi ont-ils en réalité abandonné le double étalon.

Lorsqu'on reconnut qu'il se produisait une tendance nouvelle à frapper en grandes quantités des pièces de cinq francs en argent, le gouvernement français en arrêta aussitôt la fabrication. Depuis lors un arrangement a été conclu d'année en année entre la France, la Suisse, la Belgique et l'Italie, afin que chaque pays ne frappât qu'une quantité d'écus en argent proportionnelle à sa population. Une convention tendant au même but avait eu lieu auparavant pour la monnaie d'argent à valeur conventionnelle, c'est-à-dire pour les pièces de deux francs et au-dessous ; mais la fabrication des écus, qui en .théorie étaient frappés à valeur pleine et avaient cours forcé pour des sommes illimitées, n'était sujet à aucune restriction. Le résultat de la limitation actuellement imposée au monnayage est de détruire l'action du système à double étalon. L'argent, frappé seulement en quantités limitées, ne peut remplacer ou chasser l'or, et les pièces de cinq francs, bien qu'elles aient plus de valeur que cinq pièces d'un franc, valent moins que le quart de la pièce de vingt francs en or. Quoiqu'elles conservent encore cours forcé jusqu'à une valeur illimitée, on ne peut sans doute se les procurer en quantités illimitées, et par conséquent elles sont réduites, dans la pratique, au rôle de monnaies à valeur conventionnelle. En changeant aussi peu que possible leurs dispositions législatives, la France et les autres gouvernements appartenant à la Convention Monétaire ont ainsi abandonné le double étalon dans la pratique, et en ont adopté un qui ne se distingue guère du cours forcé composite de l'Angleterre et de l'Allemagne. Depuis 1810 la monnaie de cuivre ou de bronze n'a jamais eu cours légal que jusqu'à concurrence de 4 francs 99 centimes, et depuis que le titre de la petite monnaie d'argent a été abaissé, le cours forcé de cette monnaie même a été limité à 50 francs pour les paiements entre particuliers, et à 100 francs pour les paiements aux caisses publiques. L'écu d'argent est le seul lien par lequel la France reste attachée au double étalon, et ce lien est à demi rompu.

Il est à remarquer que les changements ainsi opérés dans la circulation de l'Europe occidentale sont presque identiques à ceux par lesquels les Etats-Unis avaient auparavant abandonné le double étalon ? Jusqu'en1853, le dollar d'argent des Etats-Unis était une pièce de métal au titre qui avait un cours forcé illimité, en même temps que la monnaie d'or, c'est-à-dire les aigles et les fractions d'aigle. Le rapport légal de l'argent à l'or était, pour le poids, de 16 à 1, au lieu de $15^{1/2}$ à 1, comme en France. Il fallait ainsi plus d'argent en Amérique qu'ailleurs pour effectuer un paiement légal : on préférait donc naturellement payer en or, et l'argent était exporté. Pour remédier à cet état de choses, le gouvernement de Washington, en 1853, fit du demi-dollar et des petites pièces d'argent des monnaies à valeur conventionnelle. Quoique les pièces d'un dollar conservassent le titre et le poids légal, elles furent frappées en si petite quantité que cela équivalait à une véritable suppression. La prédominance d'un numéraire en papier ne pouvant se convertir en espèces suspendit quelque temps la question de la monnaie métallique. L'acte du monnayage du congrès des États-Unis fut mis à exécution le

1er avril 1873, et fit de la pièce d'un dollar en or la seule unité de valeur, tandis que pour le nouveau dollar d'argent, le demi-dollar et ses subdivisions, il limitait le cours forcé à des sommes qui ne devaient jamais dépasser cinq dollars dans aucun paiement.

Ainsi le double étalon, qui auparavant existait en théorie, était définitivement aboli, et les Etats-Unis s'ajoutaient à la liste des nations adoptant l'étalon d'or.

V. Les différents systèmes monétaires du globe.

En passant en revue les changements qui se sont récemment produits dans les monnaies des principales nations, nous constatons une tendance incontestable à faire de l'or la mesure de la valeur et le seul moyen principal d'échange. Ce système est adapté maintenant par la Grande-Bretagne et l'Irlande, les colonies australiennes et la Nouvelle-Zélande, les colonies africaines et plusieurs des petites possessions de l'empire anglais. Il a existé quelques temps au Portugal, en Turquie, en Egypte et dans plusieurs des Etats de l'Amérique du Sud, tels que le Chili et le

Brésil. Des lois récentes viennent de l'établir dans l'empire d'Allemagne et dans les royaumes scandinaves de Danemark, de Norvège et de Suède, où l'on émet actuellement une monnaie d'or, et où la principale monnaie légale est la pièce de vingt kroner. Le Japon même a imité les nations Européennes et adopté une monnaie d'or composée de pièces de vingt, de dix, de cinq, de deux et de un yen, le yen n'étant que de trois millièmes inférieur en valeur au dollar d'or américain.

La nouvelle monnaie divisionnaire du Japon consistera en pièces d'argent de cinquante, de vingt, de dix et de cinq sen. Le sen correspond au cent américain ; c'est une monnaie à valeur conventionnelle au titre de 8 dixièmes de métal fin.

Le double étalon se maintient encore théoriquement en France, en Italie, en Belgique et en Suisse. L'Espagne, la Grèce et la Roumanie ont aussi réformé récemment leur monnaie à l'imitation du système français, et doivent être considérées, si je ne me trompe, comme ayant un double étalon. Dans le Nouveau-Monde, le Pérou, l'Equateur et la Nouvelle-Grenade, comptent parmi les partisans du même système.

Il y a quelques années, on pouvait dire qu'une très grande partie de l'Europe conservait l'ancien système d'un étalon d'argent unique, avec quelques monnaies d'or qui circulaient, à des taux variés comme monnaies commerciales. Le Sud et le Nord de l'Allemagne, l'Autriche, les royaumes Scandinaves et la Russie appartenaient à ce groupe. Après les changements que nous venons de mentionner l'Autriche seule et la Russie représentent maintenant l'étalon d'argent en Europe, et même l'Autriche a commencé, depuis 1870, à frapper des pièces d'or de huit et de quatre florins dont le poids et le titre sont les mêmes que ceux des pièces françaises de vingt et de dix francs. Par un décret impérial daté de Vienne, 12 juillet 1873, les pièces françaises, belges, italiennes et suisses de vingt, de dix et de cinq francs devront être reçues dans l'empire austro-hongrois, à charge de réciprocité, à raison de huit florins en or pour vingt francs en monnaie d'or des autres nations. Mais, malgré tout, l'étalon d'argent domine encore dans une grande partie du globe.

Les populations innombrables de l'Inde, de la Chine et de la Cochinchine, les îles des Indes orientales, plusieurs contrées de l'Afrique et les Indes occidentales, l'Amérique centrale et le Mexique ont une circulation alimentée principalement par des monnaies d'argent, que ce soient des roupies comme dans l'Indoustan, de petites barres comme en Chine, ou des dollars d'argent comme dans une foule d'autres pays.

L'étalon d'or a donc fait de grands progrès, et il est probable qu'il ne s'arrêtera pas là. Quand les Etats-Unis reviendront aux paiements en espèces, ils adopteront certainement l'or, et le Canada, dont on aurait peine à présent à classer la monnaie, en fera autant. Les nations Latines, qui ont renoncé au double étalon dans la pratique, n'y reviendront sans doute pas, et l'Autriche sera obligée de suivre le mouvement. On ne peut guère attendre de la Russie un changement monétaire bien sérieux, et cependant (chose digne de remarque), dans une partie de l'empire qui se distingue particulièrement par l'intelligence et l'instruction, je veux dire dans la province de Finlande, la Russie a positivement admis le franc et ses subdivisions décimales : en effet, le marc finlandais ou quart de rouble contient précisément le même poids d'argent et possède la même valeur que le franc, la lire et la peseta. On a donc fait un grand pas vers une monnaie internationale à venir. De semblables changements sont impossibles parmi les nations pauvres, ignorantes et stationnaires de l'Inde, de la Chine, et en général des tropiques. Nous arrivons donc, à ce qu'il me semble, à une démarcation simple et profonde. Les nations vraiment civilisées et progressives de l'Europe occidentale et de l'Amérique du Nord, y compris aussi les Etats naissants de l'Océanie, avec quelques-uns des premiers états du second rang, tels que l'Egypte, le Brésil et le Japon, auront tous l'étalon d'or. D'un autre côté, l'étalon d'argent se maintiendra, longtemps sans doute, dans l'empire russe et dans la plus grande partie du vaste continent de l'Asie, de même que dans quelques régions de l'Afrique, et peut-être au Mexique. Si cependant nous négligeons ces cas douteux et moins importants, l'Asie et la Russie soutiendront probablement l'argent contre le reste du globe qui adoptera l'or. Il semble qu'il n'y ait rien à regretter dans un semblable résultat.

ISBN : 978-1530227457

William Stanley Jevons